BEFESTIGUNGSHOHEIT

UND

BEFESTIGUNGSRECHT

VON

ALEXANDER COULIN
DR. JUR. ET DR. PHIL.
PRIVATDOZENT DER RECHTE

LEIPZIG
VERLAG VON VEIT & COMP.
1911

Druck von Metzger & Wittig in Leipzig.

MEINEM HOCHVEREHRTEN LEHRER,

DEM HERRN GEHEIMEN JUSTIZRAT
PROFESSOR DER RECHTE AN DER UNIVERSITÄT BERLIN

D. DR. IUR. ET MED. WILHELM KAHL

IN AUFRICHTIGER DANKBARKEIT

GEWIDMET

Vorwort.

Vor mehr als Jahresfrist fand ich beim Blättern in Samuel Stryks Dissertationes Juridicae eine Anregung zur Untersuchung der Frage: quomodo jura exstruendi fortalitia statuum initia et incrementa coeperint, quasque varietates sustinuerint.[1] Anderweitige wissenschaftliche Inanspruchnahme verhinderte die alsbaldige Vornahme einer umfangreicheren Arbeit; was ich späterhin unter der durch die Quellenlage gebotenen teilweisen Abänderung des ursprünglichen Themas quellenmäßig feststellen konnte, ist in dieser anspruchslosen Schrift niedergelegt. Bei der Ausarbeitung hat sich gezeigt, daß das Befestigungsregal bis zur zweiten Hälfte des siebzehnten Jahrhunderts einen begrifflichen Wandel nicht erfahren hat; es kommen wohl mannigfache Verletzungen der kaiserlichen Befestigungshoheit vor, sie sind auch an der entsprechenden Stelle des Systems in geeigneter Weise gewürdigt; da diese Vorkommnisse aber zur Umgestaltung des Instituts nichts beitrugen, sondern rein tatsächliche, im Laufe der Jahrhunderte stereotyp wiederkehrende und für die Konstruktion bedeutungslose Erscheinungen sind, durfte ihnen, trotz ihrer hohen Bedeutung für die politische Geschichte des betrachteten Zeitraums, in dieser Darstellung ein größerer Raum nicht eingeräumt werden. Auch die bislang beliebte, übertriebene Wertschätzung der Fürstenprivilegien des dreizehnten Jahrhunderts für die Lehre von der Befestigungshoheit, mußte auf ein den verfassungsrechtlichen Verhältnissen entsprechendes Maß zurückgeführt werden; sie haben demgemäß ihre Erörterung erst im zweiten Teile dieser Schrift gefunden. Im übrigen wird der Rechtshistoriker manches Neue hier finden, er wird aber auch, wenn auch nicht in dem Maße, wie es beim politischen Historiker der Fall

[1] VIII, 6 § 2 p. 90.

sein dürfte, zum Widerspruch, besonders bezüglich der Stellen, in denen ein nach der Quellenlage unvermeidlicher Bruch mit der bisherigen Lehre erfolgen mußte, mannigfach Veranlassung haben. Möge der voraussichtliche Streit über Konstruktion und Methode dieser Schrift zu gesicherten wissenschaftlichen Ergebnissen führen; dann wird der Zweck, den ich mit ihr verfolgt habe, erreicht sein.

Zu besonderem Danke bin ich Herrn Geheimen Hofrat Professor Dr. jur. et Dr. phil. G. v. Below verpflichtet, der mich vielfach mit Hinweisen auf Literatur in liebenswürdigster Weise unterstützte. Gleichzeitig möchte ich aber mit dieser anspruchslosen Schrift einen Teil alter Dankesschuld gegenüber meinem hochverehrten Lehrer, dem Herrn Geheimen Justizrat Professor D. Dr. jur. et Dr. med. W. Kahl, erfüllen; ich freue mich daher um so mehr, daß es mir vergönnt ist, ihm diese Schrift als Widmung darzureichen.

Karlsruhe, im September 1910.

Coulin

Inhalt.

Verzeichnis der Abkürzungen.

Arnisaeus = H. Arnisaeus, De Jure Majestatis libri tres, Francofurti MDCX.

A.-B. = Ausgewählte Urkunden zur Erläuterung der Verfassungs-Geschichte des Mittelalters, herausgegeben von W. Altmann und Ernst Bernheim 2 A. Berlin 1895.

Bejer = Adrian Bejer, De Jure Castrensi, Jenae MDCLXXXXIV.

Berchtold = J. Berchtold, Die Entwickelung der Landeshoheit in Deutschland, München 1863.

Berends = Ido Berends, De munimentis, Basileae MDCLXXXII.

Besoldus Disc. pol. = Chr. Besoldus, Discursus Politici, IV. De statu Reipublicae subalterno, Argentorati MDCXXIII.

Besoldus De Maj. = Chr. Besoldus, De Majestate in genere eiusque Juribus specialibus, Argentorati MDCXXV.

Bidenbach = Joh. Bidenbach, Quaestionum nobilium. Argentorati MDCIX.

B.-F. = Joh. Fr. Böhmer, Acta Imperii selecta, herausgegeben aus seinem Nachlasse von Julius Ficker, Innsbruck 1870.

Crellius = Chr. Lud. Crellius, De Jure urbes muniendi, Vitembergae MDCCXXXIII.

Datt = Joh. Phil. Datt, De pace publica libri V, Ulmae MDCXCVIII.

Dieterich = Cunrad Dieterich, De munitionibus sive propugnaculis, sine loco et dato.

Fritsch = Ahasverus Fritsch, De Jure fortalitii exstruendi, Rudolstadt 1668.

Gail, De pac. publ. = Gaill, De pace publica libri II, Col. Agrippinae MDLXXXVI.

Gail, Obs. = Gaill, Opera praestantiora, Col. Agrip. MDCCLXXI.

Gaupp = E. Th. Gaupp, Deutsche Stadtrechte des Mittelalters Bd. I, Breslau 1851.

Gentilis = Albericus Gentilis, De jure belli libri III, Hanoviae MDCXII.

Gercken Gründl. Bew. = Ph. W. Gercken, Vermischte Abhandlungen II. Theil No. 1, Hamburg und Leipzig 1777.

Goldast Const. = Melchior Goldast, Collectio Constitutionum, Francofurti ad Moenum 1713.

Goldast Reichssatz. = Melchior von Haiminsfeld, Copeylicher Begriff verschiedener Reichssatzungen Theil I u. II, Frankfurt an Mayn 1712, 1713.

Görlitzer L.R. = Görlitzer LandRecht in Homeyer Sa.Sp. Bd. II p. 177 ff.

Henniges = Heinrici Henniges, De Summa Imperatoris Romani potestate circa profana, Noribergae MDCLXXVII.

Hering = Johann Hering, De Castris eorumque Jure, Lipsiae 1622.

Hertius = Joh. Nic. Hertius, Dissertatio de Superioritate Territoriali, Francofurti MDCC.

Klockius = Caspar Klockius, Tractatus nomico-politicus de contributionibus, Col. Agripp. MDCXCIX.

Knichen = A. Knichen, De sublimi et regio territorii iure, Francofurti MDC.

Knipschildt = Ph. Knipschildt, De Juribus et Privilegiis Civitatum Imperialium, Editio Secunda, Ulmae Suevorum MDCLXXXVII.

Kyllinger = Jacob, Wernher Kyllinger, De Ganerbiis castrorum, Tubingae MDCXX.

Lampadius = Jac. Lampadius, Tractatus de Constitutione Imperii, Lugd. Batav. MDCXXXIV.

Limnaeus = Joh. Limnaeus, Juris Publici Imperii etc. Argentorati 1629 sq.

Londorpius = Mich. Casp. Londorpius, Acta Publica Tom. I, Franckfurt am Mayn MDCLXVIII.

Lünig, Corpus Jur. = Joh. Christian Lünig, C. J. Militaris, Leipzig 1723.

Lünig R.A. = Joh. Christ. Lünig, Des Teutschen Reichs-Archiv, Leipzig 1714.

Maurer, Fronhöfe = G. L. v. Maurer, Geschichte der Fronhöfe etc. Erlangen 1862 f.

Mone, Kriegswesen = Mone, Über das Kriegswesen in Ztschrift für die Geschichte des Oberrheins herausgegeben von J. F. Mone Bd. VI, Carlsruhe 1855.

Muck = Peter Heinr. Muck, De iniusta oppositione Jurium Majestaticorum etc. Halae MDCXCVI.

Myler = Nic. Myler ab Ehrenbach, De principibus et statibus Imp. Rom. Germ. Tubingae MDCLXXI.

Negelein = Joh. Conr. Negelein, De jure muniendi, Altorfii 1773.

N.S. = Neue und vollständigere Sammlung der Reichsabschiede, sammt der wichtigsten Reichsschlüsse, Franckfurt am Mayn MDCCXXXXVII.

Observationes = Observationum selectarum ad rem litterariam spectantium Tomus III. IV, Halae-Magdeburgicae 1701.

Oraculum = Allgemeines Juristisches Oraculum Bd. III, Leipzig 1747.

Pregizer = Joh. Ulr. Pregizer, Jus majestatis circa bellum et pacem, Tubingae MDCLXXXVII.

Röhrensee = Christ. Röhrensee, De Jure muniendi, Wittenbergae MDCLXX.

Schmauss = Joh. Jac. Schmauss, Corpus Jur. Publ. 3. Aufl. Frankfurt und Leipzig 1735.

Schrader Bef.R. = Erich Schrader, Das Befestigungsrecht in Deutschland von den Anfängen bis zum Beginn des 14. Jahrhunderts, Göttingen 1909.

Schweder = Gabriel Schweder, Introductio in Jus Publicum Imperii, Tubingae MDCXCI.

Selchow = Joh. Hen. Christ. de Selchow, Elementa Jur. Publ. Tom. I, Goettingae MDCCLXIX.

Sinolt = Justus Sinolt, cognomine Schützen, Collegium Publicum de Statu Rei Romanae, herausgeg. von Carolus Scharschmidius, Francofurti ad Moenum MDCLXXXII.

Sixtinus, De Jurisdict. = Regner Sixtinus, De Jurisdictione et Imperio, Mulhusii MDCII.

Sixtinus, De Regalibus = Regner Sixtinus, De Regalibus, Mulhusii MDCII.

Stamler = Joh. Hen. Stamler, De reservatis Imperatoris, Giessae MDCLIIX.

Stenzel = Gust. Ad. Stenzel, Versuch einer Geschichte der Kriegsverfassung Deutschlands, Berlin 1820.

Struben, Nebenstunden = Dav. Georg Struben, Nebenstunden IV. Theil 2. Aufl. Hannover 1765.

Stryk = Samuelis Strykii Dissertationum Juridic. volumina, Francofurti et Lipsiae MDCCXLIII.

Tuschus = Cardinalis Tuschi, Practicarum Conclusionum Juris Tom. I bis VIII, Francofurti MDCXXIII.

Vitriarius = Phil. Reinh. Vitriarius, Institutionis Publici, Lugd. Batavorum MDCLXXXVI.

Winkelmann = Eduard Winkelmann, Acta Imperii inedita saec. XIII et XIV. Zweiter Band, Innsbruck 1885.

Zachariä = H. A. Zachariä, Deutsches Staats- und Bundesrecht II. Theil Göttingen 1867.

Ziegler = Caspar Ziegler, De Juribus Majestatis, Wittenbergae MDCLXXXI.

Einleitung.

§ 1.

Befestigung und Befestigungsrecht.

I. Das deutsche Mittelalter kennt eine Reihe von Bezeichnungen für die mannigfachen, damals üblichen Arten von Befestigungen; Ausdrücke wie: munitio oder municio,[1] munimen,[2]

[1] Vgl. z. B. Provinzial-Landfrieden (1104? 1108?) bei A.-B. no. 96 c. 9 p. 209; Priv. für Bischof v. Würzburg (Würzburg 1168 Juli 10) bei A.-B. no. 126 c. 6 p. 280; Arbitrium consulum Cremonensium (1175 Mai) in MGLL sect. IV Bd. I no. 245 c. 5 p. 345; Sententia de munitionibus (1180 April) MG l. c. no. 280 p. 387; Pacta Placentina (1183 März) MG l. c. no. 288 c. 1 u. 17 p. 396; Conventio pacis (1183 März) MG l. c. no. 289 c. 1 u. 17 p. 396; Pax Constantiensis (1183 Juni 25) MG l. c. no. 293 c. 17; U. für Bischof v. Worms betr. Osthofen (Tarent 1195 März 15) bei B.-F. no. 198 p. 182; Pactum cum Coloniensibus (1207 Jan.) MGLL sect. IV Bd. II no. 11 c 4 p. 14; Vergleich zw. Mgrf. Dietrich v. Meißen und Stadt Leipzig (1216 Juli 19) bei Lünig, R.A. XIV² p. 591 no. II; Testament Otto IV (1218 Mai 18) MGLL sect. IV Bd. II no. 42 c. 4 p. 52; Sogen. Culmische Handfeste (1233 Dez. 28) bei A.-B. no. 131 c. 6 p. 288; Constitutio pacis (Mainz 1235 Aug. 15) MGLL sect. IV Bd. II no. 196 c. 8 p. 244; Sententia comitum Palatinorum de munitionibus (1254 Nov.) MG l. c. no. 461 p. 634; Priv. für Friedberg (Mainz 1257 sept. 8) bei Knipschildt l. 3 c. 15 § 34 p. 718 = Limnaeus l. 7 c. 17 no. 8 p. 287; Priv. für Frankfurt (Mainz 1257 sept. 8) bei Limnaeus l. 7 c. 16 no. 15 p. 220; Priv. für Halle (1263 Juli 29) bei Lünig, R.A. XIV² p. 494 no. I; Tecklenburger Dienstrecht (zw. 1271 u. 1303) bei A.-B. no. 77 c. 1 p. 161; Pactum cum archiepiscopo Coloniensi (Mainz 1276 Jan. 29) MGLL sect. IV Bd. III no. 104 c. 11 p. 94 u. no. 105 p. 95; U. für Friedberg (vor Wien 1276 Nov. 5) bei B.-F. no. 412 p. 328; Const. pacis in Austria (Wien 1276 Dez. 3) in MGLL sect. IV Bd. III no. 122 c. 14 u. 15 p. 118; U. für Rostock (1278 Dez. 21) bei Lünig, R.A. XIV² p. 683 no. IV; Sententia de munitionibus (Wien 1279) bei Besoldus, De majest. sect. 3 c. 6 § 4 p. 169; Priv. für Bischof v. Paderborn (Erfurt 1290 Mai 9) bei Winkelmann no. 186 p. 138; Priv. für Neustadt bei Dachsburg (Erfurt 1290 Juli 15) bei B.-F. no. 476 p. 364; Promissiones Adolfi (Andernach 1292 April 27) MGLL

munimentum,[1] fortalitium, fortilicium oder fortelitia,[2] castrum,[3] pro-

sect. IV Bd. III no. 474 c. 7 p. 461; Mandatum duci Brabantiae missum (Cöln 1292 Okt. 11) MG l. c. no. 490 p. 476 = B.-F. no. 492 p. 371; U. für Friedberg (Hagenau 1292 Dez. 2) bei B.-F. no. 494 p. 372; Sententia de munitionibus (Nürnberg 1294 April 14) MGLL sect. IV Bd. III p. 518; Mandat an Johann v. Flandern (Speier 1309 Aug. 25) bei Winkelmann no. 348 p. 226, 24; Freiung v. Montabaur (Lützelburg 1310 Juni 26) bei B.-F. no. 610 p. 429; Verurteilung v. Brescia (Brixen 1311 Okt. 1) bei B.-F. no. 635 p. 444; Priv. für Dortmund (Nürnberg 1332 Aug. 25) bei A.-B. no. 170 c. 15 p. 388; Bestellung des Erzbischofs v. Trier zum Reichsverweser (Diedenhofen 1346 Dez. 9) bei Winkelmann no. 683 p. 420; Const. de pace publica (Augsburg 1548 Juni 30) bei Goldast, Const. I p. 543 c. 18; vgl. auch Johannes Hering, De castris § VI Lips. 1622; Dieterich, De munitionibus c. 1 p. 41; Limnaeus l. VII c. X no. 19 p. 190 et passim; u. a. m.

[2] (Zu S. 1.) Vgl. z. B. Pax Bawarica (1244 ante Juli 25) MGMLL sect. IV Bd. II no. 427 c. 48 p. 575; vgl. auch Hering und Dieterich l. c.

[1] Vgl. Hering l. c. u. Dieterich l. c.; Crellius c. VIII p. 32.

[2] Vgl. z. B. Concordia cum comite Celani facta (1223 April 25) MGLL sect. IV Bd. II no. 418 c. 8 p 549; Mandatum duci Brabantiae missum (Cöln 1292 Okt. 11) MG l. c. Bd. III no. 490 p. 476; Verurteilung v. Brescia (Brixen 1311 Okt. 1) bei B.-F. no. 635 p. 444; Priv. für Gröningen (Schaffhausen 1316 Nov. 22) bei B.-F. no. 671 p. 471; vgl. auch Fritsch, Tractatio de Jure Fortalitii exstruendi Rudolstadt 1668 und Stryk Vol. I disp. 24 de fortalitiis, c. 1 § 38 p. 466, Vol. III, 17 c. 2 § 54; u. a. m.

[3] Vgl. z. B. Reichs-Landfrieden (1103 Jan. 6) bei A.-B. no. 95 p. 207; Erstes Straßburger Stadtrecht (c. 1150) bei A.-B. no. 159 c. 106 u. 108 p. 362; Reichs-Landfrieden (1152) in N.S. I no. 4 § 8 p. 7 und A.-B. no. 97 c. 7 p. 210; Leges castrenses (apud Brixiam 1159) bei Goldast, Const. I p. 269 c. 21; Priv. für Bischof v. Würzburg (Würzburg 1168 Juli 10) bei A.-B. no. 126 c. 6 p. 280; Arbitrium consulum Cremonensium (1175 Mai) MG. l. c. Bd. I no. 245 c. 5 p. 345; Pacta Placentina (1183 März) l. c. no. 288 c. 17 p. 398; Hofgerichtsspruch (1184 März 15) bei A.-B. no. 99 p. 214 = MG l. c. Bd. I no. 297 p. 422; Reichsabschied (Nürnberg 1186 Dez. 30) in N.S. I. no. 6 § 8 p. 13; Reichssentenz (1214) bei Berchtold p. 144; Testament Otto IV. (1218 Mai 18) MG l. c. Bd. II no. 42 c. 4 u. 5 p. 52; Promulgatio leg. a lat. in Italia (Frankfurt 1220 April 17) MG l. c. Bd. II no. 71 c. 2 p. 84; vgl. auch eod. loc. nos. 77 (1220 Sept. 21), 78 (1221 Febr. 4) u. 89 (1220 Nov. 27) p. 98, 99 u. 111; Priv. in fav. princ. eccl. (Frankfurt 1220 April 26) MG l. c. no. 73 c. 9 p. 90; Treuga Henrici (1224) bei A.-B. no. 102 c. 17 p. 219; Const. in fav. princ. (1231 Mai 1) MG l. c. Bd. II no. 306 c. 1 p. 421; Const. in fav. princ. (1232 Mai) l. c. no. 171 c. 1 p. 212; Priv. für Braunschweig (Mainz 1235 Aug. 15) bei A.-B. no. 132 c. 2, 3 u. 4 p. 291 s.; U. für Lucca (Apricena 1243 Jan.) bei Winkelmann no. 33 p. 38; Pax Bawarica (1244 ante Juli 25) in MG l. c. Bd. II no. 427 c. 13 p. 573 u. c. 48 p. 575; Sententia comitum Palatinorum (1254 Nov.) l. c. no. 461 p. 634;

pugnaculum,[1] fortia,[2] burgus,[3] castellum,[4] arx,[5] mons,[6] munici-

Priv. für Friedberg (Mainz 1257 Sept. 8) bei Limnaeus l. c. l. 7 c. 17 no. 8 p. 287; Priv. für Frankfurt (Mainz 1257 Sept. 8) bei Limnaeus l. c. l. 7 c. 16 no. 15 p. 220; Priv. für Halle (1263 Juli 29) bei Lünig, R.A. XIV[2] p. 494 no. I; U. für Rostock (Rostock 1266 Nov. 1) bei Lünig l. c. p. 682 no. III, vgl. (Warnemünde 1325 Juli 27) eod. l. p. 687 no. X; Tecklenburger Dienstrecht (zw. 1271 u. 1303) bei A.-B. no. 77 c. 1 p. 161; U. betr. Friedberg (Mainz 1276 April 3) bei B.-F. no. 410 p. 327; U. betr. Friedberg (vor Wien 1276 Nov. 5) l. c. no. 412 p. 328; Const. pacis in Austria (Wien 1276 Dez. 3) in MG l. c. Bd. III no. 122 c. 14 u. 15 p. 118; U. betr. Rostock (1277 Dez. 21) bei Lünig l. c. p. 683 no. IV; Sententia de munitionibus (Wien 1279) bei Besoldus, de majest sect. 3 c. 6 § 4 p. 169; U. betr. Kropffsberg (Speier 1281 April) bei Lünig, R.A. Bd. XIV p. 472 no. XVIII; U. betr. Friedberg (Mainz 1285 Juli 15) bei Goldast, Const. I p. 314 c. 1; Freiung v. Odernheim (vor Lauterburg 1286 April 16) bei B.-F. n. 454 p. 352; Vergleich zw. Abtei Hersfeld u. Graf Günther v. Käfernburg (Erfurt 1290 Jan. 25) bei Winkelmann no. 177 p. 131; Sententia de castris non reaedificandis (Erfurt 1290 Juni 1) MG l. c. Bd. III no. 430 p. 419; Promissiones Adolfi (Andernach 1292 April 27) MG l. c. no. 474 c. 7 p. 461; Mandatum duci Brabantiae missum (Cöln 1292 Okt. 11) l. c. no. 490 p. 476; U. betr. Friedberg (Hagenau 1292 Dez. 2) bei B.-F. no. 494 p. 372; Sententia de castris (Nürnberg 1294 April 14) MG l. c. no. 506 c. 5 p. 488; Sententia de munitionibus (1295 Okt. 10) eod. l. p. 518; Sententia de iure Borchvrede (Wertheim 1296 Sept. 27) eod. l. no. 551 p. 519; Mandat an Joh. v. Flandern (Speier 1309 Aug. 25) bei Winkelmann no. 348 p. 226; Facultas castri Cranigsperg emendi (Nürnberg 1310 März 27) MG l. c. Bd. IV[1] no. 348 p. 296; Verurteilung v. Brescia (Brixen 1311 Okt. 1) bei B.-F. no. 635 p. 444; U. für Nürnberg (Pisa 1313 Juni 13) bei Goldast, Const. I p. 324 c. 7; Verpfändung v. Fürstenberg (Frankfurt 1314 Okt. 24) bei Winkelmann no. 448 p. 283; Priv. für Dortmund (Nürnberg 1332 Aug. 25) bei A.-B. no. 170 c. 15 p. 388; Bestellung des Erzbischofs v. Trier zum Reichsverweser (Diedenhofen 1346 Dez. 9) bei Winkelmann no. 683 p. 420; Const. de pac. publ. (Augsburg 1548 Juni 30) bei Goldast, Const. I p. 543; vgl. auch Hering, de castris § VI; Limnaeus l. 7 c. 10 no. 19 p. 190 et passim; u. a. m.

[1] Vgl. z. B. Reichssentenz (1289 März 17) MGLL sect. IV. Bd. III p. 655; vgl. auch Hering, de castris § VI; Dieterich, de munitionibus c. 1 p. 41.

[2] Vgl. z. B. Conventio cum Cremonensibus (1162 Juni 13) MG l. c. Bd. I no. 212 p. 298.

[3] Vgl. z. B. Conventio cum Cremonensibus (1162 Juni 13) MG l. c. no. 212 p. 298; Promulgatio leg. a lat. in Italia (Frankfurt 1220 April 17) MG l. c. Bd. II no. 71 c. 2 p. 84; Verurteilung v. Brescia (Brixen 1311 Okt. 1) bei B.-F. no. 635 p. 444; u. a. m.

[4] Vgl. z. B. Gottesfrieden für eine Kirchenprovinz (1083 April 20) bei A.-B. no. 94 c. 5 p. 205; U. für Pavia (Pavia 1164 Aug. 8) bei B.-F. no. 121 p. 114; Arbitrium consulum Cremonensium (1175 Mai) MG l. c. Bd. I no. 245

pium,[1] edificium,[2] domus,[3] turris,[4] nova structura,[5] Veste,[6] Vestung,[7]

c. 5 p. 345; Bestellung eines Reichsgeneralvikars durch Wenzel (sine dato) bei Winkelmann no. 1006 p. 668; vgl. auch Dieterich § 2 p. 42, Hering § VI; u. a. m.

[5] (Zu S. 3.) Vgl. z. B. Const. de pac. publ. (Augsburg 1548 Juni 30) bei Goldast, Const. I p. 543 c. 20 u. 21; vgl. auch Hering § VI; Dieterich § 2 p. 42; u. a. m.

[6] (Zu S. 3.) Vgl. z. B. Priv. für Bischof v. Würzburg (Würzburg 1168 Juli 10) bei A.-B. no. 126 c. 6 p. 209; Verurteilung v. Brescia (Brixen 1311 Okt. 1) bei B.-F. no. 635 p. 444.

[1] Vgl. z. B. Const. pac. in Austria (Wien 1276 Dez. 3) in MG l. c. Bd. III no. 122 c. 15 p. 118; Sententia de castris non reaedificandis (Erfurt 1290 Juni 1) MG l. c. no. 490 p. 476.

[2] Vgl. z. B. Const. in fav. princ. eccl. (Frankfurt 1220 April 26) MG l. c. Bd. II no. 73 c. 9 p. 90.

[3] Vgl. z. B. U. für Chiusi (Palestrina 1196 Nov. 27) bei B.-F. no. 210 p. 193; U. für Bischof v. Lucca (Pisa 1239 Dez. 23) bei Winkelmann no. 1237 p. 890; Pax Bawarica (1244 ante Juli 25) MG l. c. Bd. II no. 427 c. 13 u. 17 p. 573; U. für Friedberg (vor Wien 1276 Nov. 5) bei B.-F. no. 412 p. 328; U. für Friedberg (Hagenau 1292 Dez. 2) bei B.-F. no. 494 p. 327; u. a. m.

[4] Vgl. z. B. U. für Bischof v. Lucca (Pisa 1239 Dez. 23) bei Winkelmann no. 1237 p. 890; Verurteilung v. Brescia (Brixen 1311 Okt. 1) bei B.-F. no. 635 p. 444; U. f. Nürnberg (Pisa 1313 Juni 13) bei Goldast, Const. I p. 324 c. 7.

[5] Vgl. z. B. Priv. für Dortmund (Nürnberg 1332 Aug. 25) bei A.-B. no. 170 p. 388.

[6] Vgl. z. B. Reichs-Landfrieden (1152) Deutsche Redaktion in N.S. I. no. 9 § 8 p. 7; Ottokaris Ducis pax Austriaca (zw. 1256 u. 1261) MG l. c. Bd. II no. 440 c. 20 p. 607; Vergleich zw. Erzbischof v. Mainz und Mgrf. Friedrich v. Meißen (Würzburg 1343 Juni 7) bei Winkelmann no. 642 p. 394; Verlängerung des Rhein. Landfriedens (München 1344 Mai 2) bei Winkelmann no. 647 p. 394; Pax publ. Rhenana (1351) bei Datt l. I c. 47 p. 150; Vertrag zw. Bischof v. Worms u. Pfalzgraf Ruprecht d. Ä. (Heidelberg 1353 März 26) bei Winkelmann no. 1183 p. 844, no. 1185 p. 846, no. 1186 p. 846; U. betr. Trifels u. Nicastel (Prag 1359 Juni 13) bei Winkelmann no. 855 p. 543; U. betr. Kaisergrund (Prag 1359 Mai 7) bei Winkelmann no. 854 p. 543; Priv. für Nürnberg (Oppenheim 1378 Febr. 24) bei Limnaeus l. 7 c. 35 no. 27 p. 412; Hausvertrag der Mgrfen. v. Baden (Heidelberg 1380 Okt. 16) bei A.-B. no. 147 c. 4 p. 330; U. für Nürnberg (Nürnberg 1422 Aug. 17) bei Lünig, R.A. XIV no. 31 p. 158; Begriff des Landfriedens (1438) in N.S. I no. 41 § 28 p. 157; Reichsabschied v. Regensburg (1567) § 40 in N.S. III p. 255; Schwa. Sp. LandR. Goldast c. 153 p. 64, Wackernagel c. 207 p. 199, Lassberg c. 253 p. 113 et passim.

[7] Vgl. z. B. Priv. für Frankfurt (Frankfurt 1333 Juli 17) bei Limnaeus l. 7 c. 16 no. 16 p. 221; Priv. für Nürnberg (Oppenheim 1378 Febr. 24) bei Lünig,

Bevestung,[1] Befestigung,[2] Wehre,[3] Schloß,[4] Burg,[5] burglicher

R.A. XIV no. 22 p. 102; Reichsabschied v. Regensburg (1567) in N.S. III p. 256 § 45, p. 258 § 60; Wahlkapitulation Leopold I. (1658) art. 13 u. Joseph I. (1690) art. 13 bei Lünig, C. J. mil. p. 383; Wahlkapitulation Karl VI. (1711 Okt. 12) § IV bei Schmauss p. 1332; Wahlkapitulation Karl VII. (1742) art. 4 bei Moser, T.S. VI p. 378 § 8; Wahlkapitulation Franz I. (1745 Sept. 13) art. IV § 7 in Allgemeines Jur. Oraculum III p. 667; vgl. auch Limnaeus l. 7 c. 16 no. 15 p. 220, Dieterich p. 42, Hering § VI; u. a. m.

[1] Vgl. z. B. Priv. für Erfurt (Wien 1480 Mai 13) bei Lünig, R.A. XIV² no. 70 p. 469; Reichsabschied v. Regensburg (1567) in N.S. III p. 256 § 43.

[2] Vgl. z. B. Priv. für Frankfurt (Wien 1467 März 20) bei Limnaeus l. 7 c. 16 no. 18 p. 223; Kayser Friedrichs Landfriedens-Concept (1471) in N.S. I no. 56, 1 § 7 p. 229; Landfrieden v. Augsburg (1474) in N.S. I no. 58 § 7 p. 263; Reichsabschied v. Freiburg (1498) in N.S. II p. 41 § 11; Priv. für Nördlingen (Neustatt 1476 Juli 1) bei Lünig, R.A. XIV no. 38 p. 32; Reichsabschied v. Augsburg (1500) in N.S. II tit. XII p. 67; Reichsabschied v. Worms (1521) in N.S. II tit. XIII § 1 p. 200; Landfrieden v. Augsburg (1548) in N.S. II tit. XV p. 581; Cam.Ger.Ord. (1555) in N.S. III. III. tit. XI p. 96; Reichsabschied v. Regensburg (1567) in N.S. III § 60 p. 258; vgl. auch Fritsch c. 4 § 1 p. 48.

[3] Vgl. z. B. Reichs-Landfrieden (Mainz 1235) Deutsche Redaktion ed. Schilter c. 12 in N.S. I no. 12 p. 23; Bestätigung desselben durch Rudolf I. (1280 Dez. 15) in N.S. I no. 16 p. 31; Kg. Albrechts Landfrieden (1303) in N.S. I no. 20 c. 15 p. 38; Priv. für Erfurt (Wien 1480 Mai 13) bei Lünig R.A. XIV² p. 469 no. 70.

[4] Vgl. z. B. U. betr. Trifels u. Nicastel (Prag 1359 Juni 13) bei Winkelmann no. 855 p. 543; Landfrieden in der Wetterau (Frankfurt 1371 Nov. 14) bei A.-B. no. 106 c. 4 p. 233; Priv. für Nürnberg (Oppenheim 1378 Febr. 24) bei Lünig, R.A. XIV no. 22 p. 102; Hausvertrag der Mgrfen v. Baden (Heidelberg 1380 Okt. 16) bei A.-B. no. 147 c. 4 p. 330; Kg. Wenzeslaus Landfrieden (Nürnberg 1383 März 11) in N.S. I no. 26 § 2 p. 88; Landfrieden v. Frankfurt (1398) in N.S. I no. 28 § 8 p. 98; Vertrag zw. Kg. Ruprecht u. Stadt Speier (1408 März 5) bei Lünig, R.A. XIV p. 494 no. 64 u. 65; Begriff des Landfriedens (1438) in N.S. I no. 41 § 28 p. 157; U. betr. Thüngen (Neustadt 1465) bei Fritsch c. 4 § 49 p. 58; Kayser Friedrichs Landfriedens-Concept (1471) in N.S. I no. 56, 1 § 7 p. 229; Dispositio Achillea (Cölln 1473 Febr. 24) bei A.-B. no. 149 c. 8 p. 338; Landfrieden v. Augsburg (1474) in N.S. I no. 58 § 7 p. 263; Handhabung Friedens und Rechtens (Worms 1495 Aug. 7) in N.S. II no. 3 § 1 p. 11; Reichsabschied v. Freiburg (1498 Sept. 3) bei Datt l. 5 c. 10 § 11 p. 904; Reichsabschied v. Trier u. Cöln (1512) in N.S. II tit. V § 19 p. 149; Landfrieden zu Nürnberg (1522) in N.S. II tit. XI p. 234; Landfrieden v. Augsburg (1548) in N.S. II tit. XV p. 581; Cam.Ger.Ord. (1555) in N.S. III. III tit. XI p. 96; Reichsabschied v. Augsburg (1559) in N.S. III § 28 p. 167; Mandatum universale (Augsburg 1566 Juni 1) in N.S. III p. 246; vgl. auch Hering § VI; u. a. m.

[5] Vgl. z. B. Const. pac. (Mainz 1235 Aug. 15) MGLL sect. IV Bd. II no. 196, versio germanica forma I c. 8 p. 244; Deutsche Redaktion ed. Senckenberg u.

Bau,[1] wehrlicher Bau,[2] Bau,[3] neuer Bau,[4] Turm,[5] wicborc,[6]

---

ed. Schilter c. 12 in N.S. I no. 12 p. 23; Österreichisches Landesrecht (1236/7) c. 67 bei A.-B. no. 133 p. 303; Pax Bawarica (1256 ante Nov. 11) c. 13 u. 40 MG l. c. Bd. II no. 438 p. 597 u. 599; Const. pac. in Bawaria (1281 Juli 6) c. 32 MG. l. c. Bd. III no. 278 p. 271; Pax Franconica (Nürnberg 1281 Juli 25) MGLL sect. IV l. c. no. 279 c. 22 p. 285; Pax Rhenana (Mainz 1281 Dez. 14) MG l. c. no. 280 c. 22 p. 285; Const. pac. gen. (Würzburg 1287 März 24) MG l. c. no. 390 c. 22 p. 377; Const. pac. gen. (1298 Nov. 16) MG l. c. Bd. IV[1] no. 33 c. 23 p. 28; U. für Kg. Johann v. Böhmen (Regensburg 1322 Okt. 11) bei Winkelmann no. 479 p. 301; Bayrischer Hausvertrag (Pavia 1329 Aug. 4) bei A.-B. no. 143 c. 1. 2. 3 p. 319 s.; U. betr. Dietz (Parma 1329 Nov. 24 u. Soncino 1329 Apr. 28) bei B.-F. no. 733 p. 502 u. no. 726 p. 496; Priv. für Frankfurt (Frankfurt 1336 Juni 1) bei Limnaeus l. 7 c. 16 no. 17 p. 223; U. betr. Dillenburg (Wiesbaden 1344 Sept. 20) bei B.-F. no. 812 p. 546; U. betr. Konrad v. Schleiden (Prag 1350 Juni 15) bei Winkelmann no. 761 p. 474; Priv. für Nürnberg (Oppenheim 1378 Febr. 24) bei Lünig, R.A. XIV p. 102 no. 22; Vertrag zw. Kg. Ruprecht u. Stadt Speier (1408 März 5) bei Lünig, R.A. XIV no. 64 u. 65 p. 494; SaSp. LandR. II, 72 § 5, III, 8, III, 66 u. 68 et passim; SchwaSp. LandR. Wackernagel c. 123 p. 108, Lassberg c. 143 p. 68, Goldast c. 234 p. 80; SchwaSp. Leh.R. Goldast c. 147 p. 145, Lassberg c. 150 p. 219 et passim; u. a. m.

[1] Vgl. z. B. Priv. für Frankfurt (Frankfurt 1333 Juli 17) bei Limnaeus l. 7 c. 16 no. 16 p. 221; Priv. für Frankfurt (Frankfurt 1336 Juni 1) bei Limnaeus l. 7 c. 16 no. 17 p. 223; Priv. für Speier (Speier 1349 Apr. 3) bei Londorp I l. 2 c. 18 Beilage H p. 401; Priv. für Schweinfurt (Griegischweissenburg 1427 Nov. 5) bei Lünig, R.A. XIV no. 23 p. 408; Priv. für Speier (Eger 1437 Juli 29) bei Limnaeus l. 7 c. 46 no. 9 p. 444; Priv. für Schweinfurt (Augsburg 1559 Mai 3) bei Lünig, R.A. XIV no. 53 p. 440; u. a. m.

[2] Vgl. z. B. Priv. für Bischof v. Speier (Nürnberg 1422 Sept. 3) bei Londorp I l. 2 c. 18 Beilage B p. 397.

[3] Vgl. z. B. Const. pac. (Mainz 1235 Aug. 15) versio germanica forma I MGLL sect. IV Bd. II no. 196 c. 8 p. 244; Pax Franconica (Nürnberg 1281 Juli 25) MG l. c. Bd. III no. 279 c. 22 p. 285; Pax Rhenana (Mainz 1281 Dez. 14) MG l. c. no. 280 c. 22 p. 285; Const. pac. gen. (Würzburg 1287 März 24) MG l. c. no. 390 c. 22 p. 377 = N.S. I no. 17 § 26 p. 35; Const. pac. gen. (1298 Nov. 16) MG l. c. Bd. IV[1] no. 33 c. 23 p. 28; Priv. für Frankfurt (Frankfurt 1333 Juli 17) bei Limnaeus l. 7 c. 16 no. 16 p. 221; Priv. für Speier (Speier 1349 Apr. 3) bei Lünig, R.A. XIV no. 49 p. 487; U. betr. Konrad v. Schleiden (Prag 1350 Juni 15) bei Winkelmann no. 761 p. 474; Priv. für Bischof v. Speier (Nürnberg 1422 Sept. 3) bei Londorp I l. 2 c. 18 Beilage B p. 397.

[4] Vgl. z. B. Priv. für Frankfurt (Frankfurt 1336 Juni 1) bei Limnaeus l. 7 c. 16 no. 17 p. 223; Priv. für Gelnhausen (1366 Okt. 16) bei Limnaeus l. 7 c. 20 no. 2 p. 315; Decret betr. Müllenheim u. Monheim (Konstanz 1417 Apr. 22) bei Goldast, Reichssatzungen II p. 97; Mandat an Stadt Cöln (Konstanz 1417

Haus,[1] Bollwerk,[2] Pastey,[3] und andere[4] wechseln zeitlich und örtlich in bunter Reihe, ohne daß sich eine bestimmte und spezielle Terminologie in allen Fällen nachweisen ließe; schon Hering und Dieterich[5] haben auf diese Tatsache aufmerksam gemacht.

II. Unter Befestigung im weiteren Sinne versteht man die Sicherung menschlicher Niederlassungen durch unbewegliche, meist künstliche, seltener natürliche Anlagen zur Abwehr feindlicher Angriffe jeder Art und zur Basis für Angriffe gegen feindliche Gewalten. Befestigung im engeren Sinne ist eine derartige, regel-

---

Mai 15) bei Goldast, Reichssatzungen II p. 98; Priv. für Schweinfurt (Griegischweissenburg 1427 Nov. 5) bei Lünig R.A. XIV no. XXIII p. 408; Priv. für Nürnberg (Neuenstatt 1464 Juni 18) bei Goldast, Reichssatzungen II p. 158; Priv. für Schweinfurt (Augsburg 1559 Mai 3) bei Lünig, R.A. XIV no. 53 p. 440.

[5] (Zu S. 6.) Vgl. z. B. U. betr. Laumersheim (Prag 1364 Juli 4) bei Winkelmann no. 888 p. 569; Priv. für Nordhausen (Prag 1436 Apr. 26) bei Lünig, R.A. XIV no. X p. 72; Priv. für Rotenburg (Konstanz 1507 Juni 9) bei Lünig, R.A. XIV no. 14 p. 347; SaSp. LdR. III, 66 § 2.

[6] (Zu S. 6.) Vgl. z. B. Sententia de munitionibus (1180 April) MGLL sect. IV Bd. I no. 280 p. 387.

[1] Vgl. z. B. Österreichisches Landesrecht (1236/7) bei A.-B. no. 133 c. 67 p. 303; Pax Bawarica (1256 ante Nov. 11) MGLL sect. IV Bd. II no. 438 c. 13 p. 597; Priv. für Speier (Speier 1349 Apr. 3) bei Lünig, R.A. XIV no. 49 p. 487; Reichsabschied (Augsburg 1559) in N.S. III § 28 p. 167; Deputationstagsabschied (Worms 1564) in N.S. III § 34 p. 207; Mandatum universale (Augsburg 1566 Juni 1) in N.S. III p. 246; SaSp. LdR. II, 71 § 3, 72 § 1, et passim; SchwaSp. LdR. Goldast c. 192 p. 73, Wackernagel c. 207 p. 198, Lassberg c. 253 p. 113; Goldast c. 236 p. 80, Wackernagel c. 124 p. 120, Lassberg c. 144 p. 69, et passim.

[2] Vgl. z. B. Decret betr. Müllenheim u. Monheim (Konstanz 1417 Apr. 22) u. Mandat an die Stadt Cöln (Konstanz 1417 Mai 15) bei Goldast, Reichssatzungen II, p. 97 u. 98; vgl. auch Dieterich p. 42; u. a. m.

[3] Vgl. z. B. U. für Nördlingen (Neustatt 1476 Juli 1) bei Lünig, R.A. XIV no. 38 p. 32; Dieterich p. 42; u. a. m.

[4] Vgl. z. B. Dieterich p. 42; Hering § VI; Mone, Das Kriegswesen, in Ztschrft. für die Geschichte des Oberrheins Bd. VI. Karlsruhe 1855; u. a. m.

[5] Dieterich p. 42; Hering § VI. Ich selbst habe auf anderen Gebieten die Beobachtung gemacht, daß als technische spätmittelalterliche Ausdrücke betrachtete Worte ziemlich farblos gebraucht worden sind, und daher vor einer übertriebenen Wertschätzung der Terminologie dieser Zeit für die Interpretation der Quellen gewarnt; vgl. Ztschrft. der Sav.-Stiftung für Rechtsgeschichte, Germanistische Abteilung, Bd. 29. Weimar 1908 p. 364 und Gierkes Untersuchungen zur Deutschen Staats- u. Rechtsgeschichte, Heft 99 Breslau 1909 p. 117.

mäßig künstliche Anlage, wenn sie den herrschenden Regeln der Kriegstechnik entspricht und demgemäß zum Kriegsgebrauch tauglich erscheint.[1] Dieser engere Begriff ist infolge des Wechsels und Fortschritts der Kriegskunst historisch veränderlich; allerdings deklassiert die Technik Befestigungswerke rascher und früher als das Recht, und so sind denn häufig die technischen Anschauungen früherer Perioden in Recht und Kultur späterer Zeiten teils vollinhaltlich, teils in Abspaltungen zu erkennen oder sie spiegeln sich doch wider in verfassungsrechtlichen oder kulturellen Reflexerscheinungen. Die intensivsten Eindrücke in Verfassung und Kultur hat die Befestigungstechnik des zwölften, dreizehnten und vierzehnten Jahrhunderts hinterlassen; in dieser Zeit hat insbesondere der Burgenbau und die Stadtbefestigung eine so rege Pflege erfahren, daß die Befestigungstechnik zum Hauptbestandteil der Kriegskunst und der Besitz von Befestigungswerken fast gleichbedeutend mit politischer Macht geworden war; damals bildete sich ein Begriff der Befestigung im engeren Sinne, der bis ins siebzehnte Jahrhundert als Norm galt, bis schließlich die Burgen in kriegstechnischer Beziehung bedeutungslos geworden waren und auch der Stadtbefestigung vom militärischen Standpunkt aus weniger Wert beigemessen wurde; dieser Umstand führte dann allmählich auch die verfassungsrechtliche und kulturelle Entwertung dieser Befestigungen in erster Linie herbei.

III. Man hat die Befestigungen nach formalen Gesichtspunkten in Orts- und Feldbefestigungen eingeteilt; unter Ortsbefestigungen versteht man solche, die sich an die bewohnten Örtlichkeiten, wie Städte, Dörfer, Burgen, Gehöfte und dergl. räumlich eng anschließen; Feldbefestigungen dagegen sind diejenigen, die innerhalb des Gebiets, aber ohne lokalen Zusammenhang mit den Ansiedlungen errichtet sind. Diese Einteilung leidet an dem Mangel, daß sie den Burgen, die sowohl innerhalb größerer Siedlungen vorkommen, als auch besonders als selbständige Einzelsiedlungen erscheinen, einen ihrer hervorragenden Bedeutung für das Befestigungswesen des deutschen Mittelalters entsprechenden, systematisch pointierten Platz

---

[1] Andere Definitionen finden sich vielfach in der älteren Literatur; vgl. z. B. Dieterich p. 41 u. 42; Myler pars II c. 77 no. 1 p. 685; Stryk I, 24 c. 1 § 38; Observationes IV obs. 8 § 19 p. 128; u. a. m.

nicht einräumt, und daß sie andererseits den Grenzfestungen, die in Theorie und Praxis eine wichtige Stellung einnehmen, nicht genügend Rechnung trägt. Auch die Einteilung in Land- und Wasserbefestigungen, die von einem technisch wichtigen Gesichtspunkt ausgeht, bietet kein verfassungsgeschichtlich charakteristisches Prinzip und wird daher der entwicklungsgeschichtlichen Darstellung nicht gerecht.[1]

Das gesamte mittelalterliche Befestigungswesen weist gemeinsame Verfassungsgrundlagen auf; die hauptsächlichsten Typen der Befestigungen haben daneben ihrer Eigenart entsprechend auch eine besondere rechtliche Berücksichtigung gefunden; die erste Stelle unter den Befestigungen nehmen die Burgen und die Stadtbefestigungen ein, ihre Verhältnisse hat die Rechtsordnung vielfach einer speziellen Regelung unterworfen; gegen ihnen treten die meist primitiven Dorfbefestigungen und die Feldbefestigungen, die erst im fünfzehnten Jahrhundert wieder kriegstechnische Bedeutung erlangten, stark zurück; die Reichsfestungen, eine Neubildung des siebzehnten Jahrhunderts, nehmen nach Zahl und Bedeutung in der Verfassungsgeschichte eine singuläre, aber untergeordnete Stellung ein.

Während die speziellen Verhältnisse der Burg- und Stadtbefestigungen im letzten Jahrhundert mannigfach eine quellenmäßige Darstellung, wenn auch meist im Zusammenhang anderer Untersuchungen, gefunden haben, so hat man es bisher unterlassen, die Grundlagen des deutschen Befestigungsrechts systematisch und genetisch zu orientieren; die Lösung dieses Problems soll in der vorliegenden Arbeit versucht werden.

IV. Befestigungsrecht ist der Inbegriff der Normen, die das Befestigungswesen regeln. Das Befestigungsrecht dient den Zwecken der Sicherung des Friedens im Innern, es sichert die Reichsstraßen und Reichsstädte[2] vor Aufruhr, Mord, Räuberei und Beschädigung, es ermöglicht den Widerstand gegen Beschädiger und Feinde,[3] es vergönnt jedermann und allermeist Fürsten und Herren sich Frevels

---

[1] Diese Einteilungen finden sich bei Mone, Kriegswesen, in Ztschrft. für die Geschichte des Oberrheins Bd. VI S. 39 s.

[2] Vgl. Priv. für Frankfurt (Wien 1467 März 20) bei Limnaeus l. 7 c. 16 no. 18 p. 223.

[3] Vgl. Priv. für Nordhausen (Prag 1436 April 26) bei Lünig, R.A. XIV no. 10 p. 72.

und Gewalts zu behüten und zu erwehren und sonderlich sich selbst, ihre Untertanen und das ihre dafür zu bewahren;[1] es dient aber auch den Zwecken der Abwehr äußerer Feinde im Kriege;[2] seine Anlagen und Werke sind communitati et usui publico servientes;[3] die Normen des Befestigungsrechtes bestimmen demnach Herrschaftsrechte und Pflichten, die der Gesamtheit um dieser ihrer Eigenschaft als Gesamtheit willen zustehen und obliegen, und tragen daher nach Zweck und Grund öffentlich-rechtlichen Charakter;[4] in ihnen konkurrieren Friedensbann und Heerbann, daher wird das Befestigungsrecht zu den regalia essentiala sive maiora, d. h. zu den aus dem Wesen und Zweck des Staates sich ergebenden und demgemäß unübertragbaren Hoheitsrechten gezählt.[5] Eine andere Auffassung, die den Verhältnissen der beginnenden Neuzeit mehr entspricht, betrachtet das Befestigungsrecht nur als praeparatorium juris bellici,[6] sie sagt: cui damus belli gerendi potestatem eidem necesse est, ut largiamur simul omnia, sine quibus bellum aut non geri commode aut componi et finiri non potest;[7] da nun das jus belli nur dem zusteht, qui summam potestatem in Republica tenet, schreibt sie das Befestigungsrecht dem Träger des jus belli als Hoheitsrecht zu,[6] oder sie schreitet auf diesem induktiven und subjektiven Wege fort und bezeichnet die potestas muniendi als pars superioritatis territorialis, quatenus circa jus belli versatur,[8] und gelangt auf diesem Wege ebenfalls zu dem Ergebnis, daß das Befestigungsrecht als Hoheitsrecht zu konstruieren ist.

---

[1] Vgl. Priv. für Bischof v. Speier (Nürnberg 1422 Sept. 3) bei Londorp I l. 2 c. 18 Beilage B p. 397.

[2] Vgl. Note 1 S. 10.

[3] Vgl. U. für Gröningen (Schaffhausen 1316 Nov. 22) bei B.-F. no. 671 p. 471.

[4] Über diese Begriffsbestimmung vgl. Enneccerus, Lehrbuch des Bürgerlichen Rechts I[3] p. 80; im Ergebnis übereinstimmend Klockius, Tractatus de contributionibus, Col. Agr. MDCXCIX c. 9 no. 23 p. 193 und Stryk I, 24 c. 2 § 3 p. 466.

[5] Vgl. z. B. Arnisaeus, De Jure maiestatis l. 2 c. 5 no. 8; Fritsch c. 4 § 2; Myler p. II c. 77 no. 2 p. 686; Klockius, Tractatus de contributionibus c. 9 no. 23 p. 193; Stryk I, 24 c. 3 § 33 p. 471; Berends § VIII u. § XI; Struvius, Synt. jur. feud. c. 6 § 21; Limnaeus l. 4 c. 8 no. 213; Knipschildt l. 2 c. 22 § 59 p. 466; Muck § 14.

[6] Vgl. Stryk III, 17 c. 2 § 54 p. 405; Röhrensee § XI.

[7] Vgl. Ziegler l. 1 c. 35 § 1 p. 630.

[8] Vgl. Observationes IV obs. 8 § 19 p. 128; Klockius, l. c. c. 9 no. 23 p. 193.

Das Hoheitsrecht umfaßt nur das Recht der Befestigungen im engeren Sinne,[1] während Bauten und Anlagen anderer Art nur dem allgemeinen Baurecht unterworfen sind. Demgemäß fallen in den Kreis des Hoheitsrechts u. a. municiones civitatum et castrorum et castella habere, tenere, meliora facere, nova aedificare, reficere,[2] aber auch aliis, ut intra terras suas illud faciant, concedere, munimenta destruere, muros urbium, quae territorio continentur, deicere;[3] auch das Besatzungs- und Öffnungsrecht gehört teilweise hierher.[4]

V. Neben dem gesetzten Recht tritt im Befestigungsrecht häufig das Gewohnheitsrecht hervor, und zwar sowohl als gemeines Gewohnheitsrecht, wie als consuetudo loci.[5] Die Publizisten[6] scheiden daher auf diesem Gebiet scharf zwischen consuetudo und jus, die nicht selten inhaltlich voneinander abweichen. Grundlegende Unterschiede zeigen sich auch im Befestigungsrecht der einzelnen Gebiete im allgemeinen; in Italien gelten teilweise andere Bestimmungen als in Deutschland; und in Deutschland nehmen wiederum die Marken eine Sonderstellung ein.

---

[1] Vgl. oben S. 8.

[2] Vgl. z. B. Arbitrium consulum Cremonensium (1175 Mai) MGLL sect. IV Bd. I no. 245 c. 5 p. 345; Hering § IX u § X; Stamler, de Reserv. Imperatoris § 64 no. 2 p. 319; Schweder pars spec. sect. II c. 16 no. 8 § 4 p. 988; Fritsch c. 4 § 1 p. 48; Röhrensee § XXX.

[3] Vgl. Crellius c. 8 p. 32; Röhrensee § XXX.

[4] Vgl. Fritsch c. 4 § 1 p. 48 u. c. 5 § 20 p. 63; Fritsch, Jus aperturae, Rudolstadt 1668 c. 5 § 14.

[5] Kaiser Friedrich I. hat die consuetudo loci im Befestigungsrecht ausdrücklich anerkannt vgl. Pacta Placentina (1183 März) u. Conventio pacis (1183 März) MGLL sect. IV Bd. I no. 288 u. no. 289 c. 1 p. 396.

[6] Vgl. z. B. Kyllinger, disc. IV § 167 p. 69; Gentilis l. 3 c. 21 p. 667.

Erstes Kapitel.

Die Befestigungshoheit, ihre Träger und deren Funktionen.

§ 2.

Der Kaiser.[1]

I. Die Befestigungshoheit, die potestas concedendi facultatem exstruendorum fortalitiorum,[2] steht nach der übereinstimmenden Ansicht der Publizisten demjenigen zu, penes quem *τὸ κύριον* est in civitate,[3] dem Inhaber der jura majestatis,[4] dem suprema potestate pollens;[5] erst in späterer Zeit wird sie auch dem Inhaber des jus belli ac pacis als solchem zugeschrieben.[6]

Die Ermittelung des konkreten Trägers der Befestigungshoheit bereitet nun insofern Schwierigkeit, als zwar einerseits sich der höchste Träger der Majestätsrechte ohne weiteres leicht feststellen läßt, allmählich aber ein Erwerb einzelner dieser Rechte durch ihm untergeordnete Gewalten zu verschiedenen Zeiten stattgefunden hat, und andererseits trotz einer traditionellen Interpretation wichtiger, für den Übergang der Befestigungshoheit auf die Landesherren als entscheidend betrachteter Gesetze doch auch andere Ansichten, die in einem anderen Zeitpunkt diesen Vorgang eintreten lassen, nicht

---

[1] Zwischen Kaiser und König wird hier nicht unterschieden, da ein sachlicher Unterschied nicht besteht.

[2] Vgl. Stamler, de Reserv. Imp. § 64 no. 2 p. 319.

[3] Vgl. Röhrensee § XI; Fritsch c. 4 § 2.

[4] Vgl. Fritsch c. 4 § 2; Schweder, J.P. P.sp. s. 1 c. 29 § 2; Berends § VII u. § XVIII; Muck § 8; Stamler, de Reserv. Imp. § 64 no. 2 p. 319 möchte im Gegensatz zu Coler, Arnisaeus und Besold dem „jus majestatis" kein judicium certum mehr beimessen, da zu seiner Zeit zu den Regalien die meisten den einzelnen Ständen zustehenden Rechte gezählt werden; in seiner vorsichtigen Art meint er aber: „tamen utrique sententiae speciola videantur favere fundamenta. Demnach vollzieht sich der Bedeutungswandel im 17. Jahrh.

[5] Vgl. z. B. Stryk I, 24 c. 2 § 3 p. 467.

[6] Vgl. z. B. Röhrensee § XI; Stryk III, 17 c. 2 § 54 p. 401; Berends § VII; de Selchow, Elem. Jur. Publ. t. I p. spec. § 459 p. 471; Ziegler l. 1 c. 35 § 3 p. 631; u. a. m.

widerlegt erscheinen. Diese zurzeit herrschende Unsicherheit hängt damit zusammen, daß man eine scharfe Unterscheidung zwischen Befestigungshoheit, eigenem Recht der Befestigung des Inhabers der Befestigungshoheit, abgeleitetem oder konzessioniertem Recht der Befestigung und Befestigungsfreiheit bislang nicht durchgeführt hat. So schwankt denn die Literatur der letzten drei Jahrhunderte bezüglich der Form zwischen gesetzlichem und gewohnheitsrechtlichem Übergang der Befestigungshoheit auf die Landesherren und bezüglich des Zeitpunktes desselben zwischen dem zwölften Jahrhundert und der zweiten Hälfte des siebzehnten Jahrhunderts. Erscheint nun einerseits die Fixierung des Zeitpunktes des Verlustes der alleinigen Befestigungshoheit des Kaisers als notwendig für die Beurteilung der befestigungsrechtlichen Befugnisse desselben, so läßt sich doch andererseits historische Gewißheit über diese grundlegende Tatsache nicht aprioristisch, wie bisher üblich, auf Grund der freien Interpretation einer einzigen Quellenstelle, nach deren Ergebnis dann alle übrigen Quellenstellen beurteilt wurden, sondern vielmehr nur induktiv, auf dem Wege der gegenseitigen Interpretation aller in Betracht kommenden Quellen gewinnen, weil nur so im Zusammenhange der ganzen Entwicklungsreihe die Bedeutung jener als ausschlaggebend betrachteten Stelle kritisch orientiert werden kann.[1]

II. In der Befestigungshoheit konkurrieren Friedensbann, Heerbann und Verordnungsbann, ohne daß die eine dieser Funktionen der Banngewalt gegen eine der beiden andern wesentlich zurückträte oder sie überragte; vielmehr äußert sich die Banngewalt je nach der konkreten Lage des Falles bald in der einen, bald in der andern Funktion.[2] Die Banngewalt und damit die Befestigungshoheit steht dem König bzw. Kaiser aus eigenem Rechte zu,[3] soweit er sie nicht an ihm untergeordnete Gewalten zur Ausübung kraft eigenen Rechtes übertragen oder verloren hat.

1. Die Ausübung des Friedensbannes in befestigungshoheitlichen

---

[1] Über die Berechtigung und die Vorzüge dieser Methode vgl. Bernheim, Lehrbuch der Historischen Methode[6] p. 530 u. 604.

[2] A. A. Schrader, Bef.R. p. 1, der die Funktion des Heerbannes als überwiegend betrachtet; vgl. dagegen oben § 1, IV Note 2ff.

[3] Vgl. Brunner, Grundzüge der Deutschen Rechtsgeschichte (1901) p. 121; Heusler, Deutsche Verfassungsgeschichte (1905) p. 155; u. a. m.

Angelegenheiten wird mannigfach als Recht des Kaisers urkundlich bezeugt; neben den zahllosen Landfriedensgesetzen kommt dieses Recht auch in einer Reihe von Einzelurkunden zum Ausdruck; in ihnen ordnet der Kaiser rechtsverbindliche Vorschriften an, grenzt die rechtserheblichen Tatbestände ab, er handhabt aber auch selbst die Ausführung der Vorschriften und urteilt über einschlägige konkrete Rechtsverhältnisse und Rechtsverletzungen.[1] Dieses Hoheits-

[1] In dem Mandatum Duci Brabantiae missum (Cöln 1292 Okt. 11) MGLL sect. IV. Bd. III no. 490 p. 476 heißt es: „cupimus esse notum, quod nos, qui tenemur ex officii debito maliciis hominum obviare, perpetua, prohibicione ex certa sciencia dampnamus, ne in evum Heinricus miles dictus de Vorste vel aliquis eius heres vel quicumque alius cuiuscunque condicionis fuerit sive status aliquod castrum, municionem seu fortalicium vel aliquid aliud quo locum aliquo modo forticet, presumat in loco, qui dicitur Vorste, edificare vel construere in futurum." — Über die Stellung des Kaisers als „judex superior" in Fragen des Befestigungsrechts vgl. Sententia generalis (Nürnberg 1294 April 14) MGLL sect. IV Bd. III no. 506 c. 5 p. 488 und Reichssentenz (vor Kreuzburg 1295 Okt. 10) eod. loc. p. 518 no. 550, ferner Sententia de jure Borchvrede (Wertheim 1296 Sept. 27) eod. loc. no. 551 p. 519. — Die Abgrenzung rechtserheblicher Tatbestände bzw. die Erlaubnis zu Handlungen, die gemeinhin als Friedensbruch zu betrachten sind, gibt der Kaiser mehrfach in den sogenannten Meilenprivilegien; vgl. z. B. Priv. für Frankfurt (Frankfurt 1333 Juli 17) bei Limnaeus l. 7 c. 16 no. 16 p. 221: „. . . das erlauben wir jhnen zu wehren und den baw zerbrechen und sollen sie und jhre Helffer damit gegen uns, noch niemand nichts verschuldet han. Und were, dass wir jemand einen bürglichen baw darüber mit unsern brieffen, oder sonst in der vorgenannten Revir erlaubten, und diss brieff vergessen, wollen wir, daß das nicht krafft habe." — In dem Priv. für Frankfurt (Frankfurt 1336 Juni 1) bei Limnaeus l. 7 c. 16 no. 17 p. 223 ist dieses zuletzt angeführte Prinzip noch weiter ausgedehnt und gleichzeitig eine Vorschrift über die Ausführung der Friedensbewahrung erlassen; es heißt dort: „. . . Were aber dass jemand darüber new baw oder new zöll bawen oder aufsetzen wolt, so wollen wir und gebieten allen unsern getrewen, wie die genannt sind, und besonders den freyen stätten und unser und des reiches stätten, dass sie das von unsert wegen wehren und nicht gestatten . . . . bey unserer hulde." — Über einen Fall der Ausübung der Friedensbewahrung durch den Kaiser selbst haben wir zwei zuverlässige Nachrichten; in einem Priv. für Speier (Speier 1349 April 3) bei Londorp I l. 2 c. 18 Beilage H p. 401 = Lünig R.A. XIV no. 49 p. 487 = Limnaeus l. 7 c. 46 no. 8 p. 443 heißt es: „. . . Wir haben angesehen grossen schaden und übergriff als von den häussern zu Newen Hoff und zu Affelterloch manigfältiglich getan und geschehen ist und darumb so haben wir durch nutz und notturft der stätten und des Landt gemeiniglich dieselben häusser zerbrochen, also, dass wir nicht wollen, dass jmmer ewiglichen kein bürglicher Baw oder Ent-

recht des Friedensbannes wird insbesondere auf dem Gebiete des Befestigungsrechts nicht dadurch aufgehoben, daß einzelne Funktionen der Friedensbewahrung an untergeordnete Organe amtsrechtlich,

haltnus da werden solte. ..." Datt, de Pac. Publ. l. 1 c. 21 § 2 p. 148 berichtet darüber im Anschluß an Albertus Argentinensis: ... Conquerebantur Civitates Rhenenses, quod Rupertus Dux Bavariae haberet castrum dictum Nova Curia distans ad unam leucam a Civitate Spira, in qua habitarent latrones, qui mercatores transeuntes publicam viam versus Wormatiam, in nemore Rechholz dispoliarent. Rex hoc audito statim bannerium suum, quod dicitur *Sturmfahn*, supra turrim ecclesiae Spirensis constituit et populo civitatis ad arma mandari per magistros civium precepit: et egressus civitatem cum sua gente armatus, populo cum sequente, cum bannerio ante castrum praedictum, ipsum funditus destruxit. Haec ille ad A.C. MDCCCXLIX. — In einer Urkunde betr. Konrad v. Schleiden (Prag 1350 Juni 15) bei Winkelmann no. 761 p. 474 sagt der Kaiser: „... Wir haben für war ervaren, daz du ein burch bowest zu Niwendorf, die dem lande und unsern und dez reiches strazzen unbequemlich ist und schad, ane unser wissen und laub, daz uns unpillich dunchet und von dir nicht wellen für gut haben. Darumb gebieten wir deinen triwen vestichlich und ernstlich bi unsern und des riches hulden, daz du von dem vorgenannten bowe lazzen sullest, wann wir nicht gestatten wellen, daz er furganch hab, ez si dan, daz du kuntlich beweisest..., daz du den ze recht getan habst." Für den Fall, daß der Beweis nicht erbracht wird, ordnet der Kaiser Zerstörung des Baues an. — In einem Meilenprivileg für Gelnhausen (1366 Okt. 16) verbietet der Kaiser, „dass niemand kein newe Bäw auffrichten oder machen soll, der den Burgleuthen oder der vorgenannten Burg zu Gelnhausen schädlich sey, und were ein newer Baw gemacht anders, als er von alters herkommen ist, der den vorgenannten Burgleuthen und der Burg zu Gelnhausen hinderung oder schaden bracht, so wollen wir mit unserm Kayserlichen Gewalt, dass man dieselbe Bäw verderben und gäntzlich abthun solle." bei Limnaeus l. 7 c. 20 no. 2 p. 315. — Ein Meilenprivileg für Nürnberg (Oppenheim 1378 Febr. 24) enthält in seiner dispositio ähnliche Bestimmungen wie das oben zitierte Frankfurter Privileg vom Jahre 1333; vgl. Limnaeus l. 7 c. 35 no. 27 p. 412. — Bei einer Verletzung des Meilenrechts der Stadt Köln durch Befestigungsbauten ergeht ein kaiserliches Dekret auf Zerstörung derselben und Verbot des Wiederaufbaus, vgl. Sigmundts Decret (Konstanz 1417 April 22); auch erläßt der Kaiser Anordnungen über die Vollstreckung und läßt dieselbe durch einen Spezialkommissar überwachen und leiten. Das Interesse des Kaisers an der Angelegenheit motiviert er damit, „dass dess Reichs Strasse und Landen dort nieden aus den Bollwercken fürbass nicht mehr betrübet werden." vgl. Mandatsbrieff Sigmundts (Konstanz 1417 Mai 15) bei Goldast, Reichssatzungen II p. 97 u. 98. — In einem generellen Befestigungsprivileg für Bischof v. Speier (Nürnberg 1422 Sept. 3) bei Londorp I l. 2 c. 18 Beilage B p. 397 spricht der Kaiser einen ähnlichen Gedanken aus wie in dem oben zitierten Mandat vom Jahre 1292, indem er sagt: „... wenn unter Beschränkung auf einzelne Teilgebiete des Reiches, zur Ausübung übertragen sind.

2. Die Ausübung des Heerbannes in befestigungshoheitlichen Angelegenheiten läßt sich vielfach in Urkunden nachweisen, aller-

---

wir von Gott darzu erkohren seyend, dass wir allermänniglichen zu ruhigem Frieden und guter Bewahrung förderlich günstiglich und behülfflich seyn sollen, und wir doch das nicht an allen Enden als völliglich versorgen können, da werde etwan wider Recht mit Gewalt und Freveln und ungezembt Menschen darein getragen, darumb wir auch jedermann und allermeist Fürsten und Herrn Geistlich und Weltlich gönnen sollen, sich solches Frevels und Gewalts zu behüten und zu erwehrende, und sonderlich sich selbst ihre Unterthanen und das ihre dafür zu bewahrende: Herumb . . . haben wir . . . dem obgedachten Raban und seinen Nachkommen Bischoffen zu Speyer verliehen, gegönnet und erlaubt, verleihen, gönnen und erlauben, in Krafft diss Brieffs von rechter wissen und von Römischer königlicher Macht Vollkommenheit usw." Diese Arenga läßt keinen Zweifel darüber, daß der Friedensbann eine Funktion der Befestigungshoheit ist; damit dürfte aber auch die von Schrader, BefR. p. 59 vertretene gegenteilige Ansicht widerlegt sein. — Ein Meilenprivileg für Schweinfurt (Griegischweissenburg 1427 Nov. 5) bei Lünig, R.A. XIV no. 23 p. 408, bestätigt und erweitert (Augsburg 1559 Mai 3) l. c. no. 53 p. 440 gibt wiederum ähnlich wie das Priv. für Frankfurt vom Jahre 1333 das Recht der straflosen Selbsthilfe gegen Befestigungen; es heißt da: „. . . was die waren, die solche Bäue vor ihn hatten angefangen oder noch meyneten zu thun, davon uns, dem heiligen Reich, ihnen und der Statt Schade, Unrecht und Unwille ufwachsen, entstehen und kommen mögt . . ."; die angefügte comminatio droht für Zuwiderhandlungen eine Strafe von 10 Mark lötigen Goldes an, wovon die Hälfte dem Reich, die andere Hälfte der Stadt Schweinfurt verfällt. — Ein Befestigungsprivileg für die Vorstädte von Nordhausen (Prag 1436 April 26) bei Lünig, R.A. XIV no. 10 p. 72 enthält die Motivierung: „dem heiligen Reiche zu ern und in zu Bewarung für schaden und verdriess . . . ihren beschädigern und fyenden zu widerstehen von allermänniclich ungehindert." Verletzungen sind mit Strafe von 200 Mark lötigen Goldes, wovon die Hälfte der kaiserlichen Kammer, die andere Hälfte der Stadt Nordhausen verfällt, bedroht. — Ein Privileg für Frankfurt (Wien 1467 März 20) bei Limnaeus l. 7 c. 16 no. 18 p. 223 erlaubt die Anlage von Feldbefestigungen: „damit unser und des heiligen Reichs Strasse, die benannte Statt, jhr und andere, desto bas versichert sein möchten." In diesem und dem vorhergehenden Privileg tritt die Funktion der conservatio securitatis publicae bei der Ausübung der Befestigungshoheit besonders scharf hervor. — In unzähligen Reichsabschieden und Landfrieden des fünfzehnten und sechzehnten Jahrhunderts treten die hier erörterten Prinzipien zutage, von ihnen wird an anderer Stelle noch eingehend zu handeln sein; vgl. auch Berends § XIII und besonders § XIV, wo er diese Funktion der Befestigungshoheit damit begründet, daß Befestigungswerke vel ad aemulationem alterius civitatis erbaut werden, vel materiam seditionis praebere possunt, eine sehr häufige dings fassen wir hier den Begriff Heerbann nicht in dem engen, den Verfassungsverhältnissen der vorkarolingischen Zeit angepaßten, sondern in dem weiteren alle Befugnisse der Militärgewalt umspannenden Sinne.[1] Den veränderten technischen Verhältnissen der Kriegskunst entsprechend tritt uns ein besonders reges Interesse des obersten Inhabers der Kriegsgewalt allenthalben im Befestigungswesen entgegen; die Befestigungen sind nicht allein zum Gebrauch und zum Schutz des Besitzers bestimmt, sie sollen vielmehr den Interessen der Allgemeinheit dienen; für diese sind sie aber von besonderer Bedeutung in Kriegszeiten. Im Heerbann ist daher das Recht der freien Verfügung über das gesamte Befestigungswesen begründet; der Kaiser erlaubt[2] oder verbietet die Anlage von

---

Motivierung der Befestigungshoheit und des Verbots der Anlage von Befestigungen, von der jedoch in anderm Zusammenhang ausführlich zu handeln sein wird.

[1] In diesem Sinne gebraucht schon Eichhorn, Deutsche Staats- und Rechtsgeschichte 5. Aufl. Bd. II p. 454, den Ausdruck „Heerbann"; auch Stenzel p. 307 identifiziert die Begriffe „Kriegsgewalt" und „Heerbann".

[2] In dem Edictum Pistense (864) MGLL sect. II Bd. 2 no. 273 Nachtrag c. 1 p. 328 findet sich schon das Erfordernis der königlichen Erlaubnis zur Errichtung von castella, firmitates und haias; vgl. dazu und zur Erlaubniserteilung für Befestigungsanlagen als Befugnis des Königs als höchsten Inhabers der Militärgewalt Schrader, Bef.R. p. 2 ff. — Dem Bischof von Eichstädt erlaubt der König (908 u. 909) „in suo episcopatu aliquas munitiones et firmitates moliri", Falkenstein p. 19 u. 21 bei Maurer, Fronhöfe II p. 160. — Dem Bischof v. Passau erlaubt der Kaiser (963) „castella cum turribis et propugnaculis erigere", Meibom I, 747 bei Maurer l. c. II p. 160. — In einer Urkunde für den Grf. v. Arnsberg heißt es: „licentiam concessimus castrum aedificare in patrimonio suo aut in beneficio suo" (1134), Kindlinger MB 171 bei Maurer, Fronhöfe II p. 160; vgl. ferner Conventio pacis (1183 März) MGLL sect. IV Bd. I no. 289 c. 17 p. 396; Pax Constantiensis (1183 Juni 25) MGLL sect. IV Bd. I no. 293 c. 17; Pactum cum Coloniensibus (1207 Jan.) MG l. c. Bd. II no. 11 c. 4 p. 14; U. für Lucca (Apricena 1243 Jan.) bei Winkelmann no. 33 p. 38; Reichssentenz (1231 Mai 1) MGLL sect. IV Bd. II no. 306 p. 421. — Dem Bischof v. Passau wird (1276) erlaubt „villas suas munire fossis, moeniis, ut vellet" Wigul. Hundius t. I Metropol. Salisb. p. 319 bei Hertius, Sup. terr. p. 233 § 19. — Eine Erlaubnis für den Erzbischof v. Salzburg und den Abt v. Admont (1278) verzeichnet Böhmer regest. p. 91 bei Maurer, Fronhöfe II p. 160. — Im Jahre 1288 erlaubte der Kaiser dem Bischof v. Basel die Burg Schloßperg zu erbauen und zu befestigen; vgl. Herrgott, Cod. prob. genealog. Habsburg. t. III p. 537, 538; auch dem Bischof v. Paderborn erlaubte er im selben Jahre Befestigungen in seinem Stift anzulegen; vgl. Schaten. ann. Paderborn. t. II p. 169 bei Struben, Nebenstunden Th. 4 § VIII no. XXIII p. 100; U. für

Befestigungen,[1] er bestimmt den Rayon der bestehenden Befesti-

---

Odernheim (vor Lauterburg 1286 April 16) bei B.-F. no. 454 p. 352. — Erlaubnis für den Bischof v. Paderborn (Erfurt 1290 Mai 9) bei Winkelmann no. 186 p. 138: „ut in diocesi sua duas municiones edificare et construere valeat contra adversancium turbines oppressorum; U. für Neustadt bei Dachsburg (Erfurt 1290 Juli 15) bei B.-F. no. 476 p. 364; Promissiones Adolfi (Andernach 1292 April 27) MGLL sect. IV Bd. III no. 474 c. 7 p. 461; U. für Sobernheim (Kolmar 1292 Dez. 23) bei B.-F. no. 495 p. 372; Erlaubnis für Erzbischof v. Köln (nach 1305) zur Befestigung von Rodenberg, Dusten, Lechenich, Kempen, Aegid. Gelenius l. 1 de magnitud. Colon. syntagm. 7 bei Hertius, Sup. terr. § 19 p. 233; U. f. Montabaur (Lützelburg 1310 Juni 26) bei B.-F. no. 610 p. 429; Erlaubnis für Erzbischof v. Trier (Frankfurt 1310 Juli 14) zur Befestigung von Saarburg, Billich, Berncastel, Meien und Montabaur, bei B.-F. no. 612 p. 430; U. für Berkheim (Porto Venere 1312 Febr. 24) bei B.-F. no. 643 p. 450; U. für Wehlen (Nürnberg 1323 Juli 23) bei B.-F. no. 719 p. 493; U. für Neubronn (Nürnberg 1323 Dec. 16) bei B.-F. no. 721 p. 494; U. für Grindelach (Köln 1328 April 22) bei Goldast, Const. I p. 330; U. für Tettnang (Augsburg 1330 Nov. 19) bei B.-F. no. 743 p. 506; U. für Birkenfeld (München 1332 Dez. 27) bei Winkelmann no. 553 p. 346; U. für Udenheim (1338 Nov. 12) bei Londorp I l. 2 c. 18 Beilage A p. 396; U. für Ingweiler (München 1345 Mai 11) bei Winkelmann no. 656 p. 398; U. für Ingweiler (Hagenau 1347 Dez. 13) bei Winkelmann no. 695 p. 433; U. betr. Kaisersgrund (Prag 1359 Mai 7) bei Winkelmann no. 854 p. 543; U. betr. Laumersheim (Prag 1364 Juli 4) bei Winkelmann no. 888 p. 569; U. für Nordhausen (Prag 1368 März 28) bei Lünig, R.A. XIV p. 70 no. 8; U. für Speier (Heidelberg 1378 März 6) bei Winkelmann no. 963 p. 628; U. für Deidesheim (Prag 1395 Febr. 14) bei Londorp Bd. 7 l. 7 c. 108 Beilage p. 974; U. für Heilbronn und Wimpfen (Bönnigheim 1401 Aug. 7) bei Knipschildt l. 3 c. 23 no. 1 p. 739; U. für Nürnberg (Nürnberg 1422 Aug. 17) bei Lünig, R.A. XIV p. 108 no. 31; U. für Nordhausen (Prag 1436 April 26) bei Lünig, R.A. XIV p. 72 no. 10; U. für Bischof v. Speier (Nürnberg 1422 Sept. 3) bei Londorp t. I l. 2 c. 18 Beilage B p. 397; U. für Thüngen (Neustadt 1465 Febr. 1) bei Stamler, Res. Imp. § 64 p. 326 = Fritsch c. 4 § 49 p. 58; U. für Frankfurt (Wien 1467 März 20) bei Limnaeus l. 7 c. 16 no. 18 p. 223; U. für Nördlingen (Neustadt 1476 Juli 1) bei Lünig, R.A. XIV p. 32 no. 38; U. für Erfurt (Wien 1480 Mai 13) bei Lünig, R.A. XIV[2] p. 469 no. 70; U. für Rotenburg (1507 Juni 9) bei Lünig, R.A. XIV p. 347 no. 14; J.P.O. art. XI § 8 bei Schmauss p. 917; U. für Schweinfurt (Wien 1659 Juni 20) Lünig, R.A. XIV p. 460 no. 53; Priv. für Grf. Königseck (1675) bei Moser, Teutsches St.R. Teil V p. 371 § 5; U. für Grf. v. Ostfriesland (1602) in Ostfries. Histor. und Landesverf. Bd. II p. 1107 bei Moser, Landeshoheit in Mil.-Sachen c. 6 § 3 p. 229; vgl. hierzu Crellius c. 10 p. 38; Stamler, Res. Imp. § 64 no. 5 p. 326; Antonius Colerus, de Imp. Germ. sect. 26; Arnisaeus, de Jur. Majest. l. 2 c. 5; Besoldus, de jurib. Majestat. c. 6 § 4; Sinolt gen. Schütz, Exerc. VI th. 23 ad lit. F. p. 414; Negelein p. 45; u. a. m.

gungen;[1] zu Änderungen, Erweiterungen,[2] Veräußerungen[3] von Be-

[1] (Zu S. 18). Edictum Pistense (864) MGLL sect. II Bd. 2 no. 273 Nachtrag c. 1 p. 328; Priv. in fav. princ. eccl. (Frankfurt 1220 April 26) MGLL sect. IV Bd. II no. 73 c. 9 p. 90; die sämtlichen Meilenprivilegien, von denen noch besonders die Rede sein wird; Constitutio in fav. princ. (1232 Mai) MGLL sect. IV Bd. II no. 171 c. 1 p. 212; U. für Friedberg (Wien 1276 Nov. 5) bei B.-F. no. 412 p. 328; Sententia de non reaedificandis castris (Erfurt 1290 Juni 1) MGLL sect. IV Bd. III no. 430 p. 419; Mandatum Duci Brabantiae missum (Köln 1292 Okt. 11) MGLL sect. IV Bd. III no. 490 p. 476; U. für Friedberg (Hagenau 1292 Dez. 2) bei B.-F. no. 494 p. 372; Sententia generalis (Nürnberg 1294 April 14) MGLL sect. IV Bd. III p. 488 no. 506 c. 5; Verurteilung von Brescia (Brixen 1311 Okt. 1) bei B.-F. no. 635 p. 444; U. für Berkheim (Porto Venere 1312 Febr. 24) bei B.-F. no. 643 p. 450; U. betr. Konrad v. Schleiden (Prag 1350 Juni 15) bei Winkelmann no. 761 p. 474; U. für Gelnhausen (1366 Okt. 10) bei Limnaeus l. 7 c. 20 no. 2 p. 315; U. für Heilbronn und Wimpfen (Bönnigheim 1401 Aug. 7) bei Knipschildt l. 3 c. 23 p. 739; Sigmundts Decret betr. Müllheim und Monheim (Konstanz 1417 April 22) bei Goldast, Reichssatzungen II, p. 97; Sigmundts Mandatsbrief (Konstanz 1417 Mai 15) bei Goldast, l. c. p. 98; Reichsabschied v. Regensburg 1567 § 60 in N.S. Theil III p. 258; Mandat (Frankfurt 1612 Juli 2) bei Goldast, Constitut. I p. 585; Reichsabschied v. Regensburg 1641 § 57 in N.S. Theil III p. 561; vgl. auch Henniges, De summa Imp. Rom. pot. circa profana, Noribergae MDCLXXVII c. 13 § 11 p. 521; Observationes t. 4 obs. 8 § 19 p. 131.

[1] Dies ergibt sich aus sämtlichen, später noch speziell zu behandelnden Meilenprivilegien; einige Beispiele aus verschiedenen Jahrhunderten mögen vorläufig hier genügen. In einem Priv. für Nürnberg (Oppenheim 1378 Febr. 24) bei Limnaeus l. 7 c. 35 no. 27 p. 412 heißt es: „daß niemand, in welcherley Adel, Ehren, Würden oder Wesen der sey, er sey Fürst, Geistlich oder Weltlich, Graf, Dienstmann, Ritter oder Knecht, auch wer der sey, fürbass mehr in einer Meil umb Nürnberg, auff alle Orte zu zehlen, keinerley Statt, Marckt, Vesten, Schloss, Burg, Burgliche Gebäw oder keinerley Vestunge mit Mawren und Gräben . . . von newes, die von alters bisshero nit gewesen und geruhiglich herbracht seyn, machen, bawen, auffrichten, haben noch erwerben soll oder möge in keine weiss und ob die jemand machen, bawen, auffrichten, haben oder erwerben wolt, das sollen und mögen die ehegenannten Bürgermeister, Raht und Bürger zu Nürnberg von des Reiches wegen unterstehen, wenden und wehren." — In einem Priv. für Schweinfurt (Augsburg 1559 Mai 3) bei Lünig, RA. XIV no. 53 p. 440, ist das Verbot innerhalb einer Meile Befestigungen anzulegen an „Churfürsten, Fürsten, Geistlich und Weltlich, Prälaten, Grafen, Freye Herren, Ritter, Knechte, Landvögte, Hauptleute, Vizdombe, Pfleger, Verweser, Amtleute, Schultheisen, Bürgermeister, Richter, Räte, Bürger, Gemeinden und sonst alle Unsere und des Reichs Untertanen und Getreue" gerichtet — J.P.O art. XI § 8, bei Schmauss p. 917 enthält die Bestimmung, daß auf Bitten der Stadt Magdeburg der Kaiser ein Meilenprivileg für dieselbe bestätigt.

festigungen ist kaiserliche Erlaubnis erforderlich, er hat das Recht

---

[2] (Zu S. 19.) In einer Urkunde für Rotenburg (Waldshut 1285 Sept. 22) bei B.-F. no. 447 p. 348 gebietet der Kaiser der Stadt Rotenburg, den Minoriten zu gestatten „aream suam ultra vicum super murum civitatis ampliando erigere edificia suis commoditatibus opportuna"; die Einwendung der Stadt, „periculum civitatis obsistere", weißt er zurück, und befiehlt, „edificium, quod ibidem in predictum fratrum impedimentum est erectum, statim visis presentibus funditus destruatis". — Eine ähnliche Urkunde ist für Kolmar (Bern 1310 Okt. 3) bei Winkelmann no. 383 p. 243 erhalten. — In einer U. für Nördlingen (Como 1327 Mai 3) bei Winkelmann no. 492 p. 307 heißt es: „angesehen, daz ewer vorgenantiu stat ze Nördlingen umb sich allenthalben groz vorstet hat ligent, da mit ir und diu stat umbvangen seit, und daz ewer stat mit nichtiu als wol betwungen und besezzen möht werden als mit den selben vorsteten und daz iu uns und auch dem riche derselb gebrest versehen und understanden werde, emphelhen wir iu und heizzen euch ez auch, daz ir von unserm chuniclichen Gewalt ein ungelt . . . aufsetzet . . . und daz selb ungelt sult ir cheren und anlegen, daz ewer egenant vorstet iaerlich gebezzert werden und mit graben und mit mawren und mit anderem pawe, so ir best mögt, ze ewer stat gevestent und gevangen werden". — Ein Priv. für Frankfurt (Frankfurt 1333 Juli 17) bei Limnaeus, Jus. Publ. l. 7 c. 16 no. 16 p. 221, besagt: „Das erst thun Wir jhn die Gnad, ob sie wollen, und auch ob es jhn fugt zu thun, dass sie die Stadt zu Franckfurt geweitern und gemehren mögen, als in denn nützlich ist, und mit Mawren und Vestungen weiter greiffen. Und da sollen Wir noch Jemand von Unsert wegen, noch auch kein Unser Nachkommen sie nicht an irren". — Ruprecht d. Ä. erlaubt der Kaiser (Prag 1359 Juni 13) bei Winkelmann no. 855 p. 543, „tausend mark lötiges Silbers an den zwein vesten zu Driefels und zu Nykastel und anders an allen den sloszen und vesten, die er von uns und dem riche zu pfande inne hat" zu verbuwen. — Eine generelle Erlaubnis dieser Art findet sich in einer U. (Würzburg 1367 Jan. 11) bei Winkelmann no. 904. — Die Befestigung der Vorstädte v. Nordhausen gestattet der Kaiser in einem Priv. (Prag 1368 März 28) bei Lünig, RA. XIV no. 8 p. 70. — Eine Änderung der Stadtbefestigung, nicht Neuverleihung des Befestigungsrechts wie Winkelmann meint, erlaubt der Kaiser der Stadt Speier (Heidelberg 1378 März 4) bei Limnaeus l. 7 c. 46 no. 21 = Winkelmann no. 963 p. 628; daß die Urkunde so aufzufassen ist ergibt sich aus einem Priv. f. Speier (Oppenheim 1378 Febr. 24) bei Limnaeus l. 7 c. 46 no. 21 p. 457. — Nach einer U. für Heilbronn ist zur Änderung der Befestigung kaiserl. Erlaubnis notwendig (Bönnigheim 1401 Aug. 7) bei Knipschildt l. 3 c. 23 p. 739. — Eine generelle Erlaubnis zur Änderung und Erweiterung findet sich in einem Priv. für Nürnberg (Nürnberg 1422 Aug. 17) bei Lünig, R.A. XIV p. 108 no. 31. — Ein Priv. für Nordhausen (Prag 1436 April 26) bei Lünig, R.A. XIV p. 72 no. 10 gestattet erneut die Befestigung der Vorstädte. — U. für Erfurt (Wien 1480 Mai 13) bei Lünig, R.A. XIV[2] p. 469 no. 70 gestattet eine Erweiterung der Befestigung; eine Urkunde für

der Zerstörung von Befestigungen;[1] er hat das Recht der Errichtung von Reichsburgen, an denen ihm Öffnungs- und Besatzungsrecht kraft Hoheitsrechts und kraft Lehensrechts jederzeit und auch gegen

---

Schwäbisch-Hall (1503) bei Crellius p. 29 gestattet die Ausbesserung und Erweiterung der Befestigung.

[3] (Zu S. 19.) In einer Urk. für Worms (Tarent 1195 März 15) sagt der König: per manum nostram dedit allodium montis (= Befestigung) in Osthoven beato Petro et episcopatu Wormaciensi . . . et nos factum illud ratum habemus et presenti pagina confirmamus"; bei B.-F. no. 198 p. 182. — In einer Urk. für den nobilis vir Philippus de Valkenstein (Nürnberg 1310 März 27) MGLL sect. IV Bd. IV, 1 no. 348 p. 296 gibt der Kaiser die „facultas castrum Cranigsperg emendi et comparandi", er knüpft daran die „condicio, quod si nos tantam summam pecunie, quantam idem Ph. pro dicto castro erogaverit, sibi infra byennium reddere decrevimus, prefatum castrum ad nos et imperium transire debeat pleno jure". — In einem Priv. für Nürnberg (Pisa 1313 Juni 11) bei Goldast, Constitut. I p. 324 art. 7 bestimmt der Kaiser: „castrum vero et turris in medio eius sita a civitate Nurembergensi alienari non debet".

[1] Nach einer U. für Würzburg (Würzburg 1168 Juli 10) verleiht zwar der Kaiser dem Bischof „omnem iurisdictionem seu plenam potestatem faciendi iusticiam per totum episcopatum et ducatum Wirzeburgensem" (c. 4); der Kaiser selbst aber zerstört die landschädlichen Burgen Bramberg und Frankenberg (c. 6), bei A.-B. no. 126 p. 280; in einer Reichssentenz (Basel 1214) bei Huill.-Bréh. t. I p. 323/4 erkennt der Kaiser die Pflicht an, die auf dem Eigentum der Abtei Reims mit Gewalt und ohne Berechtigung errichtete Burg Lichtenberg „iuste" zu zerstören; das Zerstörungsrecht des Kaisers findet auch im Testament Otto IV (1218 Mai 18) MGLL sect. IV Bd. II no. 42 c. 4 u. 5 p. 52 mehrfach Ausdruck; Priv. in fav. princ. eccl. (Frankfurt 1220 April 26) MGLL sect. IV Bd. II no. 73 c. 9 p. 90; in der Concordia cum comite Celani facta (1223 April 25) MGLL sect. IV Bd. II no. 418 c. 8 p. 549 behält sich der Kaiser das Zerstörungsrecht vor; in einer U. betr. Lucca (Apricena 1243 Jan.) bei Winkelmann no. 33 p. 37 ordnet der Kaiser die Zerstörung von Burgen an; Reichssentenz (1289 März 17) MGLL sect. IV Bd. III p. 655 ordnet Zerstörung an; einen Vergleich zwischen Heinrich v. Hersfeld und Graf Günther v. Käfernburg in dem eine Burg zu Pfand gegeben und eventuell ein Zerstörungsrecht an ihr eingeräumt wird, wird vom Kaiser (Erfurt 1290 Jan. 25), bei Winkelmann no. 177 p. 131 v. 27—41, bestätigt; vgl. auch U. über die Verurteilung v. Brescia (Brixen 1311 Okt. 1) bei B.-F. no. 635 p. 444. — Zwischen dem Erzbischof v. Mainz und dem Mkgrf. v. Meißen stiftet der Kaiser eine Sühne. — In der U. (Würzburg 1343 Jun. 7) bei Winkelmann no. 642 p. 389 heißt es: „Ist daz, ob sich iemand des andern erbs underwunden oder vesten uf in gebowen het in disem krieg, daz sol alles ab sein und undertan werden; swaz ouch im friden geschehen ist, daz sol man ze baider seit uzrihten und undertun". — Auch die oben Note 1 S. 14 behandelte Zerstörung von Newen Hoff und Affelterloch (1349) ist hierher zu

den Willen des oder der Burgherren zusteht;[1] allerdings läßt sich der Kaiser häufig vertragsmäßig diese beiden Rechte zusichern oder nimmt sie als Bedingung in Befestigungsprivilegien auf, so daß man zu der Annahme kommen könnte, diese Rechte ständen dem Kaiser nicht ohne weiteres kraft seiner Militärgewalt zu, wenn nicht noch zu Beginn des siebzehnten Jahrhunderts in der Literatur das Öffnungs- und Besatzungsrecht des Kaisers an allen Befestigungen als Institut des geltenden Rechtes behandelt würde.[2] Alle diese im

---

rechnen, wie ja überhaupt in diesem Punkte die Funktionen des Friedensbanns und des Heerbanns in den einzelnen Tatbeständen häufig konkurrieren, so daß eine spezielle Subsumption unter eine der beiden Funktionen der Banngewalt sich nicht durchführen läßt; vgl. auch U. betr. Konrad v. Schleiden (Prag 1350 Juni 15) bei Winkelmann no. 761 p. 474; Reichsabschied v. Regensburg (1567) § 60 in N.S. Theil III p. 258 — Die Zustimmung des Kaisers zum Abbruch der Befestigung der Vorstädte in Magdeburg wird erteilt (Prag 1628 Febr. 17) bei Knipschildt l. 4 c. 1 § 97 = Lünig, RA. XIV[2] no. 21 p. 666. — Die Befestigung von Buchhorn zerstört der Kaiser (1644 Jan. 15) bei Lünig, R.A. XIV no. 27 p. 334: „wegen des gemeinen Wesens hoher Notdurft"; vgl. dazu Crellius p. 28.

[1] Vgl. Vollmacht für den Grf. v. Namur betr. Grfschaft Cambrai (Speier 1309 Aug. 25) bei Winkelmann no. 348 p. 226, wo der Kaiser sagt: „dantes tibi plenariam et liberam potestatem ac mandatum speciale, nostro nomine et pro nobis, per te vel per alium quem ad hoc duxeris eligendum, comitatum predictum gubernandi, castra et munitiones eiusdem sasiendi custodiendi manutenendi": vgl. auch U. (Köln 1310 Jan. 1) bei Winkelmann no. 358 p. 231; in der in Note 3 S. 19 erwähnten Facultas castri emendi (Nürnberg 1310 März 27) MGLL sect. IV Bd. IV no. 348 p. 296 heißt es: „concedimus a nobis et imperio perpetuo feodaliter possidendum, ita tamen, quod nobis et nostris in imperio successoribus memoratum castrum absolutum et liberum omni tempore sit apertum". — In dem Befestigungsprivileg für Berkheim (Porto Venere 1312 Febr. 24) bei B.-F. no. 643 p. 450 findet sich die Einschränkung: „sic tamen quod sine preiudicio suo, nisi in quantum vasallus de suo feodo tenetur domino, dolo et fraude exclusis, ad utilitatem nostram et imperii nostri debeat patere. — In dem Befestigungsprivileg für den Pfalzgrafen Ruprecht betr. Kaisersgrund heißt es: „daz die selbe veste wider allermenigliche unser und dez richs und aller unser nachkommen an deme riche offene vesten sin sol" (Prag 1359 Mai 7) bei Winkelmann no. 854 p. 543.

[2] Vgl. Kyllinger disc. IV § 151 p. 67; Besoldus, De Majestate in genere eiusque Juribus specialibus, Argentorati MDCXXV sect. III c. 6 § 4 p. 169; u. a. m. — Dieses Recht des Kaisers, das im siebzehnten Jahrhundert immer mehr eingeschränkt wird, so daß es Moser nur noch auf die Treupflicht begründet, ist aber durchaus keine Neubildung des späteren Mittelalters oder der beginnenden

Heerbann begründeten Funktionen der kaiserlichen Befestigungshoheit erfahren keine rechtliche Einbuße dadurch, daß einzelne der hier erwähnten Rechte, speziell das Öffnungsrecht, auch untergeordneten Gewalten zustanden; denn ihnen standen diese Befugnisse meist nur amtsrechtlich oder auch vertragsweise zu, ihre Ausübung erstreckte sich nicht generell und absolut auf das ganze Reich und durfte innerhalb der einzelnen Gebietsteile nur ad commodum et obsequium imperii[1] erfolgen.

3. Die Ausübung des Verordnungsbannes in befestigungshoheitlichen Angelegenheiten tritt besonders scharf in der ausschließlichen Privilegienhoheit des Kaisers hervor; zumal da die gesamte Verfassungsgesetzgebung des Reichs in der Form der Privilegien[2] bis zu den Wahlkapitulationen erfolgte und letztere in der Zeit bis zum Jahre 1658 Einschränkungen der kaiserlichen Befestigungshoheit nicht enthalten.[3] Die Befugnis zur Errichtung von Befestigungen wird regelmäßig durch kaiserliches Privileg erlangt; wohl kommen irreguläre Erwerbsarten des Befestigungsrechtes vor, wie auch ein von der kaiserlichen Befestigungshoheit auf Grund von kaiserlichen Spezial- oder Generalkonzessionen abgeleitetes Privilegienrecht der Landesgewalten und ein von der kaiserlichen Befestigungshoheit nahezu unabhängiges Privilegienrecht der Markgrafen besteht, im

---

Neuzeit; neben der in Note 1 S. 22 zitierten Vollmacht des Grafen v. Namur beweist dies auch eine U. für den Bischof von Luna (Pisa 1239 Dez. 23) bei Winkelmann no. 1237 p. 890, dort sagt der Kaiser: „Cum ad mandatum nostrum specialiter tibi factum custodiam domorum et turrium curie nostre assignaveris et ipse domus et turres sint in nostris manibus iam recepte . . . promittentes tibi eas restituere quam primum ex presenti guerra Lombardiae fuerimus expediti".

[1] Vgl. z. B. Sententia de jure muniendarum civitatum principum (1231 Mai 1) MGLL sect. IV Bd. II p. 421 no. 306.

[2] Manchmal bediente sich der Kaiser allerdings der Form der Reichssentenz, um einer Spezialverfügung erhöhten materiellen Schutz gegen wohlerworbene Rechte Dritter zu verleihen; dies stand aber dem Kaiser durchaus frei, da die formelle Kraft der kaiserlichen Verfügung nicht von der Vollbort des Reichstages abhängig war; vgl. hierzu Schröder, R.G.[5] p. 523 u. 672.

[3] Vgl. die Capitulationen Carl V. (1519) art. 11, Ferdinand I. (1556) art. 10, Maximilian II. (1562) art. 11, Rudolf II. (1575) art. 10, Matthias (1612) art. 11, Ferdinand II. (1619) art. 9, Ferdinand III. (1636) art. 11; erst die Wahlkapitulation Leopold I. (1658) art. 13 enthält einschränkende Bestimmungen; vgl. den Wortlaut bei Lünig, Corpus Juris Militaris Bd. I p. 381 f.

letzten Grunde sind aber diese Rechte, wie alle Hoheitsrechte, auf kaiserliche Privilegien zurückzuführen.[1]

[1] Vgl. hierzu Arnisaeus, de Jur. Majest. l. 2 c. 5; Besoldus, de Jur. Majest. c. 6 § 4; Antonius Colerus Sectionib. Imp. Germ. sect. 26 bei Stamler § 64 no. 2 p. 319; Sixtinus, De Regalibus, Mulhusii 1602, c. 1 p. 10. — Denselben Standpunkt nehmen für die Beurteilung der Rechtsverhältnisse vor dem westfälischen Frieden ein: u. a. Sinolt exercit. 6 th. 23 p. 414 ad. lit. F. und Negelein p. 45; Jacobus Lampadius sagt in seinem Tractatus de Constitutione Imperii Romano-Germanici, Lugduni Batavorum 1634, c. 14 no. 2 p. 228, gestützt auf Paurmeister 1 de jurisd. 4, Stephan und Gail 1 observ. 1: „Singularis est potestas concedendi privilegia, quae quanta tota solius est Imperatoris". — Auch Crellius c. 11 p. 42 nimmt für die Zeit vor 1648 kaiserliche Privilegien als Grundlage des Befestigungsrechts an. Heinricus Henniges bekämpft in seiner Schrift: „De summa Imperatoris Romani potestate circa profana, Noribergae 1677, c. 13 § 11 die von Pufendorf, De republ. irregul. § 8, vertretene Ansicht, indem er sagt: „Falsus est Puffendorffius, si de jure loquitur, ut merito debet, affirmans, etiam sine Caesaris indultu Principes Germaniae locum aliquem munitionibus posse circumdare incolas eodem collocare privilegia iisdem concedere saltem in ipsorum ditione valitura". — Auch Observationes t. IV obs. 8 § 19 p. 131 führen das Befestigungsrecht unter Hinweis auf die im westfälischen Frieden bezüglich Wismars getroffene Bestimmung auf ein kaiserliches Privileg zurück; Kyllinger, De Ganerb. ist sich über diese Frage offenbar nicht ganz klar geworden; disc. 4 § 83 p. 57 sagt er: „constare arbitror jus muniendi et consequenter castra atque arces exstruendi, non esse subditis in jure nostro permissum, sed solius Principis esse eorumque quibus ille concesserit"; dagegen leitet er disc. 4 § 154ff. p. 67 das jus muniendi der Fürsten, Städte und Reichsritterschaft von einer „generalis regalium concessio" her und fährt dann fort: „et sic ad instar Imperatoris castra facere possunt in territorio suo ubicunque voluerint". Was zunächst die Generalkonzession der Regalien anlangt, so bezieht sich diese zwar auf die regalia minora, wie Sixtinus, De jurisdictione et imperio Mulhusii 1602, c. 4 § 15 ausführt, aber nicht auf das jus muniendi; zu dieser irrtümlichen Annahme einer Generalkonzession aller Regalien, die sich quellenmäßig nirgends nachweisen läßt, aber auch noch von neueren Autoren vertreten wird, wurde Kyllinger vielleicht durch die Justitia Exstructionis Idumeae veranlaßt, die zwei Jahre vor seiner Schrift erschien; in ihr wird das Befestigungsrecht des Bischofs v. Speier u. a. auf kaiserliche Generalprivilegien, d. h. generelle Verleihung des Befestigungsrechts für das gesamte Bistum in einer U. (Nürnberg 1422 Sept. 3) bei Londorp t. I l. 2 c. 18 Beilage B p. 397, gestützt; vgl. Just. Extr. Idum. bei Londorp l. c. p. 385. Immerhin lassen sich die beiden Äußerungen Kyllingers nicht vereinigen; nur soviel geht aus ihnen hervor, daß auch er sich der Herleitung des landesherrlichen Befestigungsrechts aus kaiserlichen Privilegien nicht vollauf verschließen kann; auch Limnaeus l. 4 c. 8 no. 206 p. 245 sieht die Quelle des Befestigungsrechts der Reichsstände in kaiserlichen Privilegien, daneben scheint ihm allerdings

III. Mit der absoluten Befestigungshoheit des Kaisers steht es im engsten Zusammenhang, daß eine Reihe von Rechten, ohne die das Befestigungsrecht nicht wirksam ausgeübt werden kann, von kaiserlicher Genehmigung sich herleiten; so war die Erhebung eines Ungelts zu Befestigungszwecken,[1] die Ausübung der Selbsthilfe gegen

auch die Begründung durch ein „aliud jus" möglich; als Gewährsmänner benennt er Mingius de superiorit. territ. concl. 64, Reinkingius de regimine seculari l. 1 class. 5 c. 3, Knichen de Saxon. nonprov. jure vers. Ducum c. 5 per totum. Von diesem Erwerb des Befestigungsrechts auf Grund eines „aliud jus" wird an anderer Stelle zu handeln sein; es handelt sich dabei um irreguläre und abusive Formen des Regalienerwerbs. — Über zwei Fälle der Privilegienerteilung durch die Landesgewalten auf Grund und in Übereinstimmung mit voraufgegangenen kaiserlichen Privilegien berichtet Crellius c. 10 p. 37 u. 38; im einen Fall handelt es sich um ein Privileg des Herzogs Adolf v. Holstein für Hamburg (1190), dem im Jahre 1189 ein kaiserliches Privileg voraufgegangen war, bei Lappenberg, Hamburgisches Urkundenbuch I no. 286; im andern Fall gibt ein Ulrich von Trichtlingen der civitas Voerdensis (1388) ein Befestigungsprivileg, in der Urkunde selbst ist aber auf eine gleichlautende kaiserliche Erlaubnis Bezug genommen, bei Lünig, R.A. XIV p. 408. — Ergibt sich nun aus dem Vorstehenden, daß um die Wende des sechzehnten und siebzehnten Jahrhunderts der Kaiser im Besitze der Befestigungshoheit war und daß regelmäßig das Befestigungsrecht durch kaiserliche Privilegien erworben wurde, so könnte es, auch wenn wir die zahlreichen in den vorhergehenden Noten angeführten Privilegien nicht besäßen, bei der unverkennbaren, auf Einschränkung der kaiserlichen Vorrechte gerichteten Tendenz der Entwickelung des ausgehenden Mittelalters und der beginnenden Neuzeit keinem Zweifel unterliegen, daß der Kaiser in der voraufgegangenen Zeit stets im Besitze der alleinigen Befestigungshoheit war, zumal da sich nirgends ein Erwerb der regalia maiora in complexu durch dem Kaiser untergeordnete Gewalten nachweisen läßt und zum Nachweis des Erwerbs eines regale maius stets der Beweis des konkreten Erwerbsaktes erfordert wurde.

[1] Vgl. z. B. Constitutio pacis (Mainz 1235 Aug. 15) MGLL sect. IV Bd. II no. 196 c. 8 p. 244; dort heißt es: „Districte insuper inhibemus, ne domini vel civitates pretextu faciendarum municionum . . . telonea vel exactiones instituant, que vulgo dicuntur ungelt, in homines extrapositos vel extraneos vel bona eorum, sed dominus de suo vel hominum suorum bonis edificet;" nur auf Grund eines kaiserlichen Privilegs durfte zu diesem Zweck ein Ungelt erhoben werden; eine große Anzahl derartiger Privilegien sind erhalten, vgl. z. B. U. für Odernheim (1286 April 16) bei B.-F. no. 454 p. 352, wo auf sechs Jahre die Abgaben und Dienste im Interesse der Befestigung erlassen werden; U. für Sinzig (Frankfurt 1305 März 30) bei B.-F. no. 573 p. 412; darin wird gesagt: „permittimus, ut ungeltum in dicto oppido perceptum in antea tollere et percipere debeant in fortificationem et meliorationem fossatorum prefati oppidi conver-

Störung des Befestigungsrechts,[1] die Konvaleszenz nicht erlaubter befestigungsrechtlicher Handlungen,[2] der Wiederaufbau kraft Urteils

---

tendum usque ad nostre beneplacitum voluntatis"; U. für Landau (Schlettstadt 1315 März 28) bei Winkelmann no. 420 p. 270; U. für Grüningen (Schaffhausen 1316 Nov. 22) bei B.-F. no. 671 p. 471; U. für Nördlingen (Como 1327 Mai 3) bei Winkelmann no. 492 p. 307: „daz ir von unserem chunichlichen gewalt ein ungelt in ewer stat ze Nördlingen ufsetzet in aller der wise, als ez unser burger ze Nörenberg oder ze Rotemburch in ir steten gesatzet habent und einement und . . . daz selb ungelt sult ir cheren und anlegen, daz ewer êgenant vorstet iaerlich gebezzert werden und mit graben und mit mauren und mit anderm pawe, so ir best mögt, ze ewer stat gevestent und gevangen werden . . . Wer ouch, daz ir daz gut, daz von dem ungelt geviel, der stat mit pawe niht ze nucz anlegt, als vor geschrieben stet, so mugen wir daz selb ungelt abnemen und widerrüffen nach unserm willen und swenne wir wellen . . ."; U. für Frankfurt (Frankfurt 1333 Juli 17) bei Limnaeus l. 7 c. 16 no. 16 p. 221; U. für Erzbischof Balduin v. Trier (Esslingen 1337 Sept. 5) bei Winkelmann no. 558 p. 349: „Ungeltum in oppido Lutrensi iuxta consilium consulum ipsius oppidi imponendum et colligendum sive impositum et collectum de vino blado panis lana animalibus ac aliis rebus et per ipsos consules ad emendacionem murorum et fossatorum dicti oppidi convertendum, alias per nos admissum et inductum, de gracia usque ad nostre revocacionis arbitrium tenore presencium revocamus . . ."; vgl. hierzu auch Heusler, Verfassungsgeschichte p. 197; Schrader, Befestigungsrecht p. 52f. — Allerdings haben die Territorialgewalten häufig eigenmächtig über das Ungelt verfügt, wie Schrader l. c. ausführt; so wenig aber wie es die Aufgabe der Geschichte des Strafrechts ist, die einzelnen Verletzungen des Strafrechts zu registrieren, kann es als Pflicht des Rechts- und Verfassungshistorikers betrachtet werden, die einzelnen Verletzungen der Verfassungsgesetze aufzuzeichnen; für ihn gewinnen derartige Erscheinungen erst Bedeutung, wenn sie zu rechtsbildenden Faktoren werden, also wenn aus dem Mißbrauch Recht wird. Bezüglich des Ungelts läßt sich aber in unserer Periode auf dem Gebiete des Befestigungsrechts eine derartige Feststellung, soweit wir sehen, kaum machen.

[1] Vgl. die in Note 1 S. 14 angeführten Beispiele. Da das Selbsthilferecht gegen alle übrigen Territorialgewalten unterschiedslos verliehen wird, wie noch die U. für Schweinfurt (Augsburg 1559 Mai 3) bei Lünig, R.A. XIV no. 53 p. 440, in einem ausführlichen Katalog beweist, so ist in der Tatsache der Verleihung derartiger Selbsthilferechte ein deutlicher Beweis für die absolute kaiserliche Befestigungshoheit im Reich zu erblicken.

[2] Vgl. z. B. Pactum cum Coloniensibus (1207 Jan.) MGLL sect. IV Bd. II no. 11 c. 4 p. 14; U. betr. Berkheim (Porto Venere 1312 Feb. 24) bei B.-F. no. 643 p. 450. — Selbst ordnungsmäßig ersessene Befestigungen ließ man sich vom Kaiser zur Erlangung und Sicherung des Vollrechts genehmigen, vgl. U. für Rotenburg (Konstanz 1507 Juni 9) bei Lünig, R.A. XIV no. 14 p. 347.

zerstörter Befestigungsbauten[1] u. a. m. an kaiserliche Erlaubnis gebunden.

IV. Die befestigungshoheitlichen Befugnisse standen auch den Reichsverwesern, Reichsvikarien und den Legaten a latere mit einigen Einschränkungen innerhalb ihres Wirkungskreises zu.[2] Das Recht des letzteren war in der „promulgatio" genau bestimmt und wohl regelmäßig auf die Sicherung und Erhaltung der kaiserlichen Rechte beschränkt;[3] auch der Umfang der befestigungshoheitlichen Befugnisse

[1] Vgl. z. B. Gesta Episcoporum Halberstadensium (1195) MGSS Bd. XXIII p. 111, Schwa.Sp. Leh.R. Goldast c. 147², Lassberg c. 150b; Constitutio Pacis in Austria (Wien 1276 Dez. 3) MGLL. sect. IV Bd. III no. 122 c. 15 p. 118; Kaiser Friedrichs Landfriedens-Concept (1471) § 7 N.S. Theil I no. 56, 1 § 7; Landfrieden (Augsburg 1474) § 7 N.S. Theil I no. 58 p. 263; Reichsabschied (Freiburg 1498) bei Datt, de P.P. l. 5 c. 10 § 11 p. 904. — Bezüglich des Wiederaufbaus von Gotha und Grimmenstein berichtet Berends § 16: „consensum Imperatoris postea impetravit dux Saxo-Gothanus ad reparandas dictas arces Gotha et Grimmenstein. Röhrensee § 29 bezeichnet die Erteilung der Genehmigung als ein summi imperii jus; Crellius führt über diese Frage aus: „Enim vero hoc est eludere potestatem imperantis, si moenia ab ipso detracta, eius iniussu a magistratibus restituantur" p. 28.

[2] Das volle Befestigungshoheitsrecht stand keinem von diesen dreien zu; immerhin übten sie aber einen großen Teil der Hoheitsrechte, wenn auch auf verschiedener verfassungsrechtlicher Grundlage, aus, so daß ihre Befugnisse tatsächliche Ähnlichkeiten aufweisen und eine Zusammenfassung an dieser Stelle ermöglichen.

[3] Vgl. z. B. Promulgatio legati a latere in Italia (Frankfurt 1220 April 17) MGLL sect. IV Bd. 2 no. 71 p. 84, ähnlich no. 77 p. 98 (1220 Sept. 21), no. 78 p. 99 (1221 Febr. 4) und no. 89 p. 111 (1220 Nov. 27). — In einer U. für den Grf. Johann v. Flandern, in der ihm die Grafschaft Flandern anvertraut wird (Speier 1309 Aug. 25) bei Winkelmann no. 348 p. 226, heißt es: „dantes tibi plenariam et liberam potestatem ac mandatum speciale nostro nomine et pro nobis, per te vel per alium, quem ad hoc duxeris eligendum, comitatum predictum gubernandi, castra et munitiones eiusdem sasiendi, custodiendi, manutenendi, finesque ac limites et jura nostra et imperii dictique comitatus requirendi, recuperandi ac iura quecunque dicti comitatus recolligendi et eadem defendendi"; in einer weiteren U. (Köln 1310 Jan. 1) erklärt Heinrich VII., daß er durch die Erlaubnis an den Bischof v. Cambrai, vorläufig die Temporalien verwalten zu dürfen, nicht gemeint habe, die dem Grf. v. Flandern erteilten Vollmachten zu widerrufen, er sagt in dieser Beziehung: „non intendimus commissiones nobili viro Johanni de Flandria comiti Namurcensi, dilecto et fideli commissario et consanguineo nostro, super iuribus comitatus Camoracensis, prout ad nos et ad imperium spectat, factas a nobis in aliquo revocasse", bei Winkelmann no. 358 p. 231.

des Reichsverwesers war regelmäßig in der kaiserlichen Vollmacht genauer umschrieben.[1] Dagegen standen dem Reichsvikar um-

[1] Vgl. z. B. U. für den Reichsverweser Erzbischof Balduin v. Trier über Germanien, Gallien und die Grafschaft Luxemburg (Diedenhofen 1346 Dez. 9) bei Winkelmann no. 683 p. 420, es heißt da: „Concedimus tibi insuper et damus plenum mandatum et liberam similiter potestatem quod vice et nomine nostro possis a prelatis, principibus, comitibus, baronibus, nobilibus aliisque personis tam ecclesiasticis quam secularibus cuiuscunque gradus status aut condicionis existant, necnon a civitatibus et universitatibus quibuscunque, fidelibus nostris, sive ratione Romani nostri regni, quod ad dictas regiones et partes, sive dicti comitatus nostri Lutzillimburgensis recogniciones feodorum requirere exigere et recipere . . ., de eisdem feodis sic recognitis investire . . ., ac vacancia feoda in presenciam vel que in posterum vacabunt bene meritis de novo conferre . . . a vasallis et fidelibus ac servitoribus nostris quibuscunque debita ac consueta servitia et receptaciones insuper in castris et munitionibus nostris ligiis vel aperibilibus nobis . . . recipiaris tibique vice nostra pro receptione huiusmodi aperiantur, exigere et petere ac illos, qui huiusmodi castra tenent necnon super hiis, quoscunque, cuiuscunque status vel pertinencie fuerint, nobis ratione amiciciarum unionum vel ligarum aut alias qualitercunque ad auxilia et obsequia obligatos, super hiis requirere interpellare monere et, si opus fuerit, valeas cohortare". — In einem Abdruck dieser Vollmacht, die im Text mannigfache Abweichungen aufweist, bei A.B. no. 28 p. 46 ist am Schlusse eine Generalklausel folgenden Inhalts beigefügt: „Demum, quia non possunt faciliter singula nobis expediencia singulis capitulis comprehendi, committimus tibi, quod generaliter in partibus supradictis possis omnia facere et exercere, que pro honore et utilitate status nostri ac sacri imperii vel comitatus nostri videris expedire et que nostra maiestas facere et exercere posset, si personaliter interesset, . . . promittentes, quod nos rata et grata habebimus et tenebimus, que in premissis et circa premissa duxeris facienda sive disponenda et contra ea nullatenus faciemus." Diese Vollmacht war jederzeit widerruflich, wie sich weiterhin aus der U. ergibt; in diesem Umstand liegt die wesentliche Beschränkung dieser rechtsgeschäftlichen Vollmacht gegenüber der unwiderruflichen gesetzlichen Vollmacht des Reichsvikars, die allerdings eine derartige Generalklausel nicht enthielt; trotz des scheinbar widersprechenden Inhalts dürfte sich die Vollmacht des Reichsverwesers schwerlich auf die dem Reichsvikar verbotenen Geschäfte erstreckt haben; denn wichtiger und schwerwiegender sind diese Geschäfte sicherlich als die von Karl IV. in der Urkunde namentlich aufgeführten, also als die wichtigsten dem Verweser erlaubten, demgemäß besonders hervorgehobenen. Auch ist in anderen Vollmachten für Reichsverweser von derartigen Geschäften nicht die Rede, vgl. z. B. die U. (Kolmar 1310 Sept. 13) bei A.B. no. 21 p. 38f. und die U. (sine dato von Kg. Wenzel) bei Winkelmann no. 1006 p. 668. Andererseits hing hier aber auch alles vom Ermessen des Mandanten ab und von den politischen Verhältnissen, unter denen sie erteilt wurde; daher mögen wohl allgemeine Regeln über den Inhalt der Voll-

fassendere Befugnisse zu, wie dies auch schon in der rechtlichen Natur des Reichsvikariats begründet ist; andererseits waren ihm auch natürliche Schranken gezogen; es handelt sich bei dieser Institution um ein zur Fortführung der laufenden Reichsgeschäfte geschaffenes Interimistikum; in ihm sind daher eine Anzahl von diskretionären Vollmachten vereinigt, die dazu dienen sollten, dem zu wählenden König das Reich in einem Verfassungszustande zu erhalten, in dem es bei Beginn des Vikariats sich befand; demgemäß waren einschneidende verfassungsrechtliche Änderungen während der Dauer des Vikariats ausgeschlossen.[1] Es ist daher vielleicht kein Zufall, daß Urkunden über eine Erlaubniserteilung des Reichsvikars zur Neuanlage von Befestigungen nicht vorhanden sind; ausdrücklich untersagt sind dem Reichsvikar Veräußerungen und Verpfändungen von Reichsburgen und anderen Reichsbefestigungen;[2] eine Belehnung mit Reichsbefestigungen, soweit sie nicht Fürsten- und Fahnlehen waren, durfte der Reichsvikar zwar provisorisch vornehmen, eine endgültige Entscheidung war aber dem künftigen König vorbehalten.[3]

V. Bei der Ausdehnung des Reichs und bei der häufig recht unruhigen innerpolitischen Lage der einzelnen Gebiete war die persönliche Ausübung aller befestigungshoheitlichen Befugnisse durch den Kaiser tatsächlich unmöglich; er war daher genötigt, einzelne dieser Befugnisse territorialen Gewalten amtsrechtlich zu delegieren; besonders geeignet waren hierzu zwei Organe, die Grafen und die in späterer Zeit sich bildenden Landfriedensbünde, deren Funktionen

---

macht auf befestigungshoheitlichem Gebiet sich nicht aufstellen lassen, wenn sich auch die diesen Vollmachten gezogenen Schranken mit einiger Wahrscheinlichkeit feststellen lassen.

[1] Diese ideelle Beschränkung der Reichsvikariatsbefugnisse läßt es begreiflich erscheinen, daß der Reichsvikar wichtigere befestigungshoheitliche Entschließungen in der Form der Reichsvikariatssentenz erließ, um ihnen erhöhte materielle Wirkung zu verleihen; vgl. z. B. Sententia comitum Palatinorum de munitionibus (1254 Nov.) MGLL sect. IV Bd. II no. 461 p. 634; über die Bedeutung der Form vgl. oben Note 2 S. 23; über Befugnisse und Zweck des Reichsvikariats vgl. eine U. Rudolfs (1276—1281) bei A.B. no. 13 p. 27f., Goldene Bulle c. 5 § 1 bei A.B. no. 29 p. 56, U. Ruprechts des Älteren (Alzey 1394 Juli 20) bei A.B. no. 30 p. 75.

[2] Vgl. Goldene Bulle c. 5 § 1 bei A.B. no. 29 p. 56.

[3] Vgl. U. Rudolfs (1276—1281) bei A.B. no. 13 p. 28, Goldene Bulle c. 5 § 1 bei A.B. no. 29 p. 56.

gegen Ende des Mittelalters und zu Beginn der Neuzeit die Kreise übernahmen.

1. Das Grafenamt wird zwar seit dem hohen Mittelalter zu Lehen gegeben; an den befestigungsrechtlichen Amtsbefugnissen der Träger der alten Grafenrechte ändert sich hierdurch aber nichts,[1] insbesondere erlangen sie hierdurch keinen Anteil an der Befestigungshoheit zu eigenem Recht, wohl aber behalten sie die ihnen kraft Amtsrechts zustehenden befestigungspolizeilichen Befugnisse,[2] sowie die richterlichen Befugnisse in Befestigungsangelegenheiten. Im allgemeinen erstrecken sich diese Befugnisse auf Erlaubniserteilung zum Bau von Befestigungen i. e. S.,[3] auf die Zerstörung

---

[1] Vgl. Heusler, Deutsche Verf.Gesch. p. 177; A. A. Brunner, Grundzüge der Deutschen R.G. § 39 p. 134ff.; vgl. auch oben Note 1 S. 24; Schrader, Bef.Recht p. 36 nimmt eine organische Entwickelung der Hoheitsrechte aus ursprünglichen Befugnissen des Grafenamts an, vgl. auch p. 38.

[2] Vgl. Fehr, Fürst und Graf im Sachsenspiegel, Leipziger Sitzungs-Ber. phil.-hist. Klasse Bd. 58 p. 26; dagegen Schrader l. c., der einen gräflichen Burgbau aus eigener Macht als militärisches Hoheitsrecht auf p. 38 postuliert, aber p. 48 zugeben muß, „daß über die Befugnis des Grafen zu eigenem Burgenbau nie etwas verlautet, sondern immer nur das Erfordernis der gräflichen Bauerlaubnis gegenüber Dritten betont wird"; trotzdem behauptet Schrader wieder p. 61, ein selbständiges gräfliches Befestigungsrecht, das rein äußerlich eine Art Polizeibefugnis, im Kern aber ein militärisches Hoheitsrecht bedeutsamster Art sei, habe bereits Ende des zwölften Jahrhunderts die königliche Anerkennung gefunden. Diese Widersprüche der Schraderschen Arbeit, die sich schlechterdings nicht vereinigen lassen, erklären sich aus der Vernachlässigung der juristischen, konstruktiven Durchdringung des Materials, die sich auch sonst in dieser trefflichen Arbeit störend geltend macht, vgl. z. B. p. 15; die Befugnisse des Grafen, die sich aus nicht amtsrechtlichen Rechtsverhältnissen ergeben, sind an anderer Stelle zu erörtern.

[3] Vgl. z. B. Sa.Sp. L.R. III, 66 § 2; nach der Glosse: „Ohne Urlaub des Landrichters" und „mit blanken etc." liegt der Grund für die Verleihung der Befugnis auf sicherheitspolizeilichem Gebiet; erstere Glosse sagt: „Dann er mag es wol vorbieten und hindern umb zukunfftiges schadens willen, so davon einiger zu besorgen were". Die zweite Glosse führt diesen Gedanken noch weiter aus: „Das ist darumb geordnet, damit des ungehorsams und empörung in Landen desto weniger sein mögen. . . . Weil aber gleichwol etzliche vehsten nutz und nötig sindt, ob wol auch etzliche mögen unnütze sein, darum beviligt der König das der Landesrichter solche zu bawen erleuben oder vorbieten möge, nachdem es ihn duncke nutz sein." Diese letztere Glosse zeigt auch deutlich, daß auch im vierzehnten Jahrhundert, das gräfliche Recht nicht als Hoheitsrecht des Grafen, sondern als abgeleitetes königliches Hoheitsrecht be-

„schädlicher Häuser“[1] und nach manchen Rechten[2] oder wenigstens

trachtet wurde. Es erscheint aber nicht begründet, wenn Gaupp, Deutsche Stadtrechte des M.A. Bd. I p. 12 unter der Bezeichnung „landes richter“ etwas anderes verstehen will, als unter dem im selben Artikel noch öfter gebrauchten Ausdruck „richter“, und darunter in erster Linie die geistlichen und weltlichen Lehnsfürsten begreifen will; richter und landes richter sind hier vielmehr synonym gebraucht; diese Ausdrücke werden im selben Sinne verwendet wie im Schwabenspiegel die Bezeichnung „Landrichter“ (vgl. z. B. Lehenrecht Goldast p. 145 c. 147 § 2); unter ihnen ist der Träger des gräflichen Amtsrechts zu verstehen. Das hat auch schon Hertius § 19 p. 231 richtig erkannt, indem er diese Erlaubnis als eine „licentia iudicis ordinarii“ bezeichnet, wiewohl er in den Anschauungen seiner Zeit befangen, dies Recht als ein Hoheitsrecht der domini regionum betrachtet. — Anders liegt es allerdings nach Österreichischem Landesrecht c. 58 bei A.B. no. 133 p. 301, dort wird bestimmt: „So ensol auch niemant dhain haus noch dhain purg pawen an des landesherren gunst und an sein urlaub“. — Dagegen stimmt der Schwabenspiegel mit dem Sa.Sp. überein; nach Schwa.Sp. L.R. Goldast c. 235 § 2, Wackernagel c. 123 § 2 p. 118, Lassberg c. 143a p. 68 ist nämlich die Erlaubnis des Landrichters zum Burgbau, zur Dorfbefestigung, zur Bergbefestigung erforderlich; vgl. auch Goldast c. 234 § 1 p. 80, Wackernagel c. 123 § 1 p. 118, Lassberg c. 143b p. 68; endlich erging über diese Frage eine Reichssentenz (1279 Sept.) MGLL sect. IV Bd. 3 no. 261 p. 255: „quod nullus homo qualiscunque condicionis fuerit, in alicuius comitis comicia castrum vel municionem aliam qualemcunque construere debet, nisi prius ipsius comitis super eo requisito beneplacito et obtento“. — Denselben Rechtssatz hatte schon ein Tridentiner Weistum (1185) ausgesprochen, es heißt da: „quod non licet alicui sine vestra licentia castrum sibi edificare seu construere in eo comitatu, quem vobis totum retinuistis, sive in eo comitatu, in quo societatem vel comunitatem seu aliquod aliud habetis“, vgl. Kink bei Schrader, Bef.Recht p. 46 Note 5. — Dieser Rechtssatz erscheint weiterhin in einer Reichssentenz (Nürnberg 1294 April 14) MGLL sect. IV Bd. III no. 506 c. 2 p. 487, in der festgestellt wird: „quod nulli licitum est munitionem erigere de novo in comitatu alicuius comitis, nisi petita eius licentia et obtenta“.

[1] Dieses Zerstörungsrecht ist im Gegensatz zum kaiserlichen Zerstörungsrecht, das vom Kaiser nach freiem Ermessen gehandhabt wird, nur ein richterliches Zerstörungsrecht, das vom Grafen im Verfahren auf handhafter Tat, wie im ordentlichen Vollstreckungsverfahren ausgeübt wird. Ausführlich wird hierüber noch in anderem Zusammenhang zu handeln sein; zur Illustration mögen daher hier einige Beispiele genügen; vgl. z. B. Provinzial-Landfrieden (1104? 1108?) bei A.-B. no. 96 c. 9 p. 203; Reichsabschied (Nürnberg 1186 Dez. 30) N.S. Theil I no. 6 §§ 1 u. 8 p. 12 u. 13; Treuga Henrici (1224) bei A.-B. no. 102 art. 17 i. f. p. 219; Reichslandfrieden (1235) bei A.B. no. 103 art. 26 p. 225; Pax Bawarica (1244) MGLL sect. IV Bd. II no. 421 c. 17 p. 573; Pax Bawarica (1256) MGLL sect. IV Bd. II no. 438 c. 16 p. 598; Pax generalis (1298 Nov. 16) MGLL sect. IV Bd. IV, 1 no. 33 c. 36 p. 29; u. a. m.; vgl. auch Sa.Sp. III, 68;

unter gewissen Voraussetzungen[1] auch auf die Erlaubniserteilung zum Wiederaufbau mit Urteil gebrochener Burgen. Es handelt sich zwar hierbei um generelle Befugnisse, nicht um Ausführung spezieller Einzelbefehle, aber immerhin stellen diese Befugnisse nur einen kleinen Teil der Gesamtheit der in der Befestigungshoheit enthaltenen Befugnisse dar; die Befestigungshoheit des Grafen ist nicht reichsrechtlich beschränkt,[2] sondern dem Grafen sind einzelne Befugnisse, die in der Befestigungshoheit enthalten sind, zur Ausübung im Namen des Königs übertragen; durch die Entschließung des Grafen wird der König nicht gebunden, wohl aber ist der Graf verpflichtet den Befehlen des Königs Folge zu leisten.[3]

Schwa.Sp. L.R. Goldast c. 151 p. 63, Lassberg c. 137 p. 66; Goldast c. 237 p. 81, Wackernagel c. 124 p. 120, Lassberg c. 144 p. 69.

[2] (Zu S. 31.) So nach dem Rechte des Sachsenspiegels; vgl. Sa.Sp. L.R. III, 66 § 4.

[1] Mit dem Sachsenspiegel stimmt die zweifellos unrichtige Wackernagelsche Lesart des Schwabenspiegels überein c. 123 § 4 p. 118; dagegen wird nach der Goldastschen Lesart, c. 234 § 4 p. 80, „dess Künigs und des Landtrichters Urlaub" verlangt, während Lassberg c. 143b p. 68 wohl den richtigen Text gibt: „ane des kunges urlop oder ane des lantrihtars urlop". Hierfür spricht der Umstand, daß der ausführlichere Text des Lehenrechts sachlich damit übereinstimmt, es heißt da: „Es mag mit Recht niemand kein Burck wiedergebauwen, die mit Gericht niedergebrochen wird, ohne des Künigs Urlaub; und ist kein Künig, oder ist er in teutschen Landen nicht, so muß er des Landrichters Urlaub haben in des Gerichte sie leit"; vgl. Goldast, Schwa.Sp. Lehenr. c. 147 § 2 p. 145 = Lassberg, Schwa.Sp. Lehenrecht c. 150b p. 219. — Nach anderen Rechtsquellen ist der Wiederaufbau verteilter Burgen an kaiserliche Spezialerlaubnis geknüpft; es ist daher nicht unwahrscheinlich, daß der Schwabenspiegel hier eine ursprünglich nur für den Markboden, speziell für das sächsische Kolonisationsgebiet, gültige Bestimmung aufgenommen hat, die im alten Siedelungsgebiet keine Geltung erlangt hat, wenigstens sind urkundliche Belege hierfür nicht bekannt.

[2] Die gegenteilige Ansicht vertritt Schrader, Bef.Recht p. 49; Schröder D. R.G.[5] p. 606.

[3] Stadtbefestigungsprivilegien und Meilenrechtsprivilegien, die an Städte und Territorialherren ausschließlich vom Kaiser verliehen wurden, schnitten tief in die befestigungsrechtlichen Verhältnisse der Bezirke der Inhaber der gräflichen Amtsrechte ein, ohne daß diesen ein Remonstrations-, geschweige denn ein Widerspruchsrecht zugestanden hätte. Auch die mannigfachen kaiserlichen Befestigungsprivilegien spezieller, wie genereller Natur für geistliche und weltliche Fürsten sprechen gerade nicht für die gegenteilige Annahme. Unter einem Hoheitsrecht ist doch etwas anderes zu verstehen als eine jederzeit und

2. In der Not der Zeit hatte der rheinische Städtebund sich die Landfriedensbewahrung angemaßt und damit auch in die Befestigungshoheit eingegriffen, insofern er das Befestigungszerstörungsrecht ausübte.[1] Eine verfassungsrechtliche Grundlage erhielten die Landfriedensbünde erst unter Rudolf I., der sich genötigt sah, den Landherren die Besserung und Festigung des von ihm erneuerten Reichslandfriedens durch eigene Ordnungen und Bündnisse zu gestatten.[2] Im vierzehnten Jahrhundert mehren sich diese Landfriedensbündnisse,[3] manchmal wird auch der kaiserlichen Erlaubnis und Vollmacht Erwähnung getan;[4] gegen Ende des vierzehnten Jahrhunderts erscheinen diese Bündnisse als Organe der Bewahrung des Reichslandfriedens, denen bei eigenem Unvermögen, ganz ähnlich wie den Grafen, Anspruch auf Reichshilfe zusteht.[5] Die befestigungshoheitlichen Funktionen erschöpfen sich in einem delegierten Recht der Zerstörung landschädlicher Häuser in Form des Urteilsvollstreckungsverfahrens und des Verfahrens auf handhafter Tat.[6]

Dieselben Funktionen, wie die Landfriedensbündnisse, erlangen dann im fünfzehnten Jahrhundert die Kreise.[7]

---

beliebig von einer höheren Gewalt beschränkbare und vernichtbare Befugnis eines Untertanen; an dieser Tatsache wird auch dadurch nichts geändert, daß man farblos und vieldeutig von einem „gräflichen Befestigungsrecht" spricht; vgl. auch Stamler § 64 p. 328 no. 6, Gail. l. 2 obs. 69 no. 24.

[1] Rheinischer Städtebund (1254 Okt. 6) bei A.-B. no. 104 c. 5 p. 227 besagt: „. . . super huiusmodi personam (scil. militem) et res (scil. munitiones), qualescunque fuerint, respectum habebimus, nos in ipso quocunque modo possumus vindicando."

[2] Vgl. hierzu Heusler, Verfassungsgeschichte p. 219f.

[3] Vgl. z. B. Provinziallandfriede für die Lande zwischen Wupper und Weser (1319 Nov. 5) bei A.-B. no. 105 p. 229f. — Landfriede in der Wetterau (1371 Nov. 14) bei A.-B. no. 106 p. 232f.

[4] Vgl. die Arenga des Landfriedens in der Wetterau (1371 Nov. 14) bei A.-B. no. 106 p. 232.

[5] Vgl. z. B. Landfriede zu Eger (1389 Mai 5) bei A.-B. no. 107 c. 18 p. 237.

[6] Ausdrücklich wird dies freilich anfänglich so wenig gesagt, wie in dem Rheinischen Städtebund, aber hier wie dort ist es implicite enthalten. Vgl. z. B. Provinziallandfriede für die Lande zwischen Wupper und Weser bei A.-B. no. 105 c. 4 c. 6 p. 230, c. 11 p. 231, Landfriede in der Wetterau, bei A.-B. no. 106 c. 4. c. 9. c. 6 p. 233. — Deutlicher kommt dies schon im Landfrieden zu Eger (1389 Mai 5) bei A.-B. no. 107 c. 11 p. 236, c. 17 p. 237, c. 36 p. 240 zum Ausdruck.

[7] Schon in dem Begriff des Landfriedens Kaiser Albrechts II. (1438) N.S. Theil I no. 41 § 28 p. 157 war dies vorgesehen, es heißt da: „Fugete es sich

3. Ähnliche Befugnisse, wie diese zuletzt betrachtete Gruppe von Organen, hatten auch die mit dem Meilenrecht privilegierten Reichsstände [1] innerhalb des vom Kaiser bestimmten und abgegrenzten Rayons auf der zwiefachen Rechtsgrundlage privilegierter Selbsthilfe und kaiserlichen Mandats.

---

auch, daß yemant dieser unser Ordnung ungehorsam sie, und sich mit sinen schlossen, vöst oder stetten dawieder sezen und sich dess mit sollicher oder ander gewalt ufhalten wolt. So wollent und gepieten wir einem jeglichen hauptmann dess kreises, darinne der ungehorsam gesessen wer, einer oder mehr dass sich derselbe hauptmann mit allen denihenen Fürsten, geistlich und weltlichen, graven, herren, fryen, ritter, knechten und stetten, die in dem obgenannten kreisse begriffen sind, und mit ganzer gewalt stellen, eim iglichen ufzusetzen nach siner gelegenheit und mit den darzu gedenkent tun, und dennen nit lassen sollent, der ungehorsamen einer oder mer sy denn vor zu gehorsam bracht und gemacht als sich das nach gelegenheit der sachen heischet und geburt." Im §§ 30 u. 31 p. 158 ist die Erlaubnis zum Gebrauch aller Mittel gewährt; es wird zwar nicht ausdrücklich gesagt, daß die Burgen gebrochen werden dürfen; da es sich aber um Reichsächter handelt, ist auch dies Mittel zulässig; vgl. z. B. Wenzeslaus Landfrieden auf dem Reichstag zu Frankfurt (1398) N.S. Theil I no. 28 § 19 p. 98. Dieser Landfrieden, und mit ihm die geplante Kreisverfassung, kam infolge des frühen Todes des Kaisers nicht zur Ausführung. — Dagegen wurde dieser Gedanke im R.A. zu Trier und Köln (1512) wieder aufgenommen und fand seine erste praktische Anwendung gegen die Beschädiger der bambergischen Stadt Vilseck; vgl. diesen R.A. tit. V §§ 19 u. 20 in N.S. Theil II p. 149. — Diese Bestimmungen kehren dann vielfach in Reichsabschieden wieder; vgl. z. B. die ausführlichen Vorschriften über die Behandlung der „Raubhäußer" im R.A. zu Augsburg (1559) N.S. Theil III p. 167 § 28, wo die Verbrennung und Zerstörung dieser Befestigungen den Kreisen übertragen wird; das Mandatum universale (1566 Juni 1) N.S. Theil III p. 246 wiederholt diese Vorschriften. — Wohl der bekannteste, in der verfassungsgeschichtlichen Literatur aber auch am meisten mißdeutete Fall der Anwendung dieser Bestimmungen ist die Zerstörung von Gotha und Grimmenstein nach der am 13. April 1567 erfolgten Eroberung durch den Kurfürsten August v. Sachsen in seiner Eigenschaft als „Obersächsischer Kreyssoberster"; vgl. R.A. zu Regensburg (1567) N.S. Theil III § 42 p. 255 u. § 43 p. 256.

[1] Vgl. z. B. U. für Frankfurt (1336 Juni 1) bei Limnaeus l. 7 c. 16 no. 17 p. 223; U. für Speier (1349 April 3) bei Londorp, Act. Publ. t. I l. 2 c. 18 Beilage H p. 401. — Eine U. für Nürnberg (1378 Febr. 24) bezeichnet die Befugnis als eine von Reichs wegen der Stadt zustehende Befugnis; vgl. Limnaeus l. 7 c. 35 no. 27 p. 412.

§ 3.

Der Landesherr.

I. In der Wahlkapitulation Kaiser Karl VI. wird erstmals die Befestigungshoheit der Landesherren reichsrechtlich als bestehendes Recht anerkannt;[1] ja es wird darin sogar gesagt, daß die Befestigungshoheit auf den Reichssatzungen beruhe. Die voraufgegangenen Wahlkapitulationen Kaiser Leopolds I. und Kaiser Josephs I. hatten eine derartige Anerkennung noch nicht enthalten, wohl aber fand sich in denselben im Gegensatz zu den früheren Wahlkapitulationen ein kaiserlicher Verzicht auf das eigene Befestigungsrecht des Kaisers in der Churfürsten, Fürsten und Stände Landen für Kriegs- und Friedenszeiten und das in der Befestigungshoheit enthaltene Recht der Konzessionierung der Befestigungsbauten Dritter in diesen Gebieten.[2] Im Westfälischen Frieden hatten die Landesherren nur erreicht, daß die Neuanlage von Festungen im Namen des Reichs und die Belegung der alten mit

[1] Vgl. Wahlkapitulation Karl VI. (1711 Okt. 12) bei Schmauss p. 1332 § IV: „Jedoch sollen und wollen Wir, weder in währendem solchen Krieg, noch auch sonst in der Churfürsten, Fürsten und Stände Landen und Gebieth keine Vestung von neuem anlegen oder bauen, noch auch zerfallene oder alte wiederum erneuern, vielweniger andern solches gestatten oder zulassen, immassen dieses allein die Landesherren nach den Reichssatzungen in ihren Territoriis zu thun befugt und berechtigt seynd.“ Der Schlußsatz: „immassen ...“ ist hier neu hinzugefügt, während sich der Satz: „Jedoch sollen ...“ schon seit 1658 in den Wahlkapitulationen findet; vgl. Wahlkapitulation Leopolds I. (1658) art. 13 bei Lünig, Corpus Juris Militaris t. I p. 383 und Wahlkapitulation Josephs I. (1690) art. 13 bei Lünig l. c. p. 385.

[2] Diese Bestimmungen entsprachen nicht ganz den Wünschen der Fürsten, wie sich aus der bei Stryk XIV, 3 § 8 p. 155 mitgeteilten Stelle der Monita Principum ad Capitul. Leopold. tit. II ergibt; diese hatten nämlich verlangt, daß der Kaiser in derselben Weise, wie er bezüglich der Erbauung von Reichsfestungen an die Zustimmung des Reichstags durch J.P.O. art. VIII § 2 gebunden war, sich nunmehr auch bezüglich des Baues eigener kaiserlicher Befestigungen einer derartigen Beschränkung unterwerfe; es hieß da: „Dass künftiger Römischer Kayser in der Churfürsten, Fürsten und Stände Lande ohne der gesamten Stände insonderheit der Interessierten Vorwissen und Bewilligung keine neue Festung baue noch die alten erneuern lasse.“

Besatzung zu einem Komitialrecht erklärt wurde;[1] das Schwergewicht dieser Bestimmung dürfte jedoch weniger auf befestigungshoheitlichem, als auf finanzhoheitlichem Gebiete zu suchen sein;[2] und doch hat eine spätere Zeit gerade auf diese Bestimmung die Befestigungsfreiheit der Landesherren gründen wollen.[3] Damit steht aber die Tatsache im Widerspruch, daß in derselben Urkunde zwei kaiserliche Befestigungsprivilegien an Reichsstände, Magdeburg und Schweden, verliehen wurden;[4] wie hätte man diese Form für die Bekanntgabe der Tatsache, daß den genannten ein Befestigungsrecht zustehe, wählen können, wenn den Reichsständen Befestigungs-

---

[1] J.P.O. art. VIII § 2 bestimmte nämlich: „Gaudeant sine contradictione jure suffragii in omnibus deliberationibus super negotiis Imperii, praesertim ubi . . . nova munimenta intra Statuum ditiones exstruenda nomine publico veterave firmanda praesidiis . . . fuerint, nihil horum aut quicquam simile posthac unquam fiat, vel admittatur, nisi de Comitiali liberoque omnium Imperii Statuum suffragio et consensu"; vgl. Schmauss p. 901. Diese Bestimmung stimmt überein mit J.P.M. art. IX § 63 bei Schmauss p. 987.

[2] Zu dieser Vermutung berechtigt sowohl die scharfe Hervorhebung der Worte „nomine publico" bzw. in der deutschen Übersetzung „im Namen des Reichs", als auch der Umstand, daß nach der Auffassung der Stände das eigene kaiserliche Befestigungsrecht nicht damit getroffen werden sollte und war, wie sich aus dem Monitum von 1658 und der daraufhin zustande gekommenen Wahlkapitulation Leopolds I. ergibt; vgl. den Wortlaut in Note 1 u. 2 S. 35.

[3] Thomasius sagt in seinem Jus. dand. civ. § 37: „de potestate nova munimenta intra ditiones exstruendi, veteraque firmandi expresse cautum est in art. VIII § Gaudeant, quod Status Imperii jure isto sine contradictione gaudere debeant"; eine confirmatio des Kaisers sei nicht nötig, da die Frage in diesem Paragraphen ausdrücklich entschieden sei; frühere Begründungsversuche des landesherrlichen jus extruendi fortalitia weist er als nunmehr überflüssig zurück. Diese Argumentation dürfte wohl heutzutage kaum eine eingehende Widerlegung notwendig machen.

[4] Vgl. J.P.O. art. XI § 8 und art. X § 2; die letztere Bestimmung wird von Berends § XVII wiederum neben der quotidiana experientia dafür angeführt, daß ein jeder Reichsstand „in suo territorio munitiones et fortalitia, prout necessitas et utilitas postulaverit, exstruere" berechtigt sei. Die Tatsache der kaiserlichen Privilegierung stört ihn dabei nicht: „non esse novum ac insolitum privilegia Principum quorundam ab Imperatoribus saepe confirmata, debita licet ipsis Jura". Diese Zitationsmethode und Interpretationstechnik hat für den mittelalterlichen Historiker nichts Befremdliches mehr, er kennt ja diese Künste aus dem Rezeptionszeitalter zur Genüge. Solche Beweisketten anführen, heißt sie eigentlich schon widerlegen.

freiheit zugestanden hätte?[1] Gerade diese Bestimmungen sprechen vielmehr dafür, daß zur Zeit des Westfälischen Friedens die Befestigungshoheit noch dem Kaiser zustand und noch nicht als ein in der Landeshoheit enthaltenes, unbestrittenes Hoheitsrecht betrachtet wurde und noch nach dem Jahre 1658 erfreuten sich die Stände nicht der Befestigungshoheit, ja sie hatten, abgesehen von den Fällen, in denen ihnen Generalkonzessionen erteilt waren,[2] nicht einmal das Recht eigene Befestigungen in ihren Territorien anzulegen.[3] Auch die Wahlkapitulation von 1690 ändert an dieser Rechtslage nichts; sie wiederholt vielmehr wörtlich die Bestimmungen der Wahlkapitulation von 1658; dies wäre sicherlich nicht geschehen, wenn inzwischen die Landesherren eigenes Befestigungsrecht und das Recht der Konzessionierung fremder Befestigungen im eigenen Territorium erlangt hätten. Trotzdem wird in der folgenden Wahlkapitulation von 1711 anerkannt, daß die Landesherren im Vollbesitz der Befestigungshoheit nach den Reichssatzungen, nicht etwa nach Reichsherkommen, sind. Eine derartige Reichssatzung ist nicht bekannt;[4] wohl aber ist die Tatsache be-

---

[1] Vgl. hierzu auch Observationes IV obs. 8 § 19 p. 131; es heißt da: „Denique ex eo, quod nuper tabulis pacis Osnabrugensis Regi Sueciae facultas muniendae urbis Wismariae et praesidiis pro lubitu firmandae data est, haud infirmum argumentum ducitur tale quid iure territorii per legem non licuisse, antequam Imperator et Imperium fieri munitiones et praesidium loco imponi permitterent. Cui enim rei speciali cautione instar privilegii opus, si iam diu Statuum iuri territoriali sine ullo discrimine haec libertas est? et quid Imperator quondam Suecis novum opus nunciavit, cum ad Visurgim castellum condere inciperent, si eius rei semper et ubique exequendae facultas penes arbitrium unice est cuiusque in suo territorio?"

[2] Vgl. hierzu oben § 2 Note 1 S. 24.

[3] Mehr noch als das Priv. f. Schweinfurt (Wien 1659 Juni 20) bei Lünig, R.A. XIV p. 460 no. 53, beweist dies die Generalkonzession für den Grafen Königseck (1675) bei Moser, Teutsches Staatsrecht Theil V p. 371 § 5, der allerdings entsprechend der Rechtslage seiner Zeit etwas überflüssiges in der Nachsuchung des Privilegs sieht.

[4] Zachariae, Staatsrecht Bd. II p. 577 § 235 nimmt an, daß hier auf den § Gaudeant Bezug genommen sei, „der aber", wie er selbst einräumt, „bloß eine Comitial-Gerechtsame constituiert". Außerdem sollen aber hier nicht nur Reichsfestungen, sondern auch eigene kaiserliche Befestigungs-Anlagen getroffen werden, auch würde der Pluralis „Reichssatzungen" damit nicht erklärt. Immerhin ist die Erklärung Zachariaes nicht so abwegig wie die Annahme der modernen Rechtshistoriker, die bekanntlich die Begründung der landes-

kannt, daß diese Wahlkapitulation seit 1663 auf dem Reichstag vorbereitet und beraten wurde und daß die Publizistik seit mehr als hundert Jahren bemüht war, den mangelnden Nachweis reichsgesetzlicher Begründung des landesherrlichen Befestigungshoheitsrechts zu erbringen; andererseits bot sich aber auch den Landesherren im Jahre 1711 eine selten günstige Gelegenheit zur Sicherung ihrer Ansprüche, die unter Josephs sechsjähriger Regierung schroffer, als es die Stände gewohnt waren, und zielbewußter, als es ihren Wünschen entsprach, zurückgewiesen worden waren; während der halbjährigen Regentschaft der Kaiserin-Mutter, Eleonore Magdalene, vereinbarten die Stände am 7. Juli 1711 die beständige Wahlkapitulation und am 12. Oktober 1711 erfolgte die Wahl Karls VI. auf der Grundlage dieser Kapitulation ohne nennenswerte Schwierigkeit, und damit war die reichsgesetzliche Anerkennung der landesherrlichen Befestigungshoheit erreicht.

II. Dieses Ergebnis war durch die Publizistik seit der Wende des sechzehnten und siebzehnten Jahrhunderts vorbereitet und mit ihrer Hilfe herbeigeführt worden; nicht in organischer Weiterentwickelung der historisch gewordenen Verfassung wurden die befestigungshoheitlichen Befugnisse der Landesherren erworben; in viel höherem Maße noch als die übrigen „unbefugten Befugnisse des jus territoriale", wie sie v. Treitschke so treffend kennzeichnet,[1] entstanden sie vielmehr auf dem Boden romanisierender und rationalistischer Gelehrsamkeit, die in zielbewußter Fragestellung und zähem Festhalten an ihren Absichten ebenso hervorragend war, als sie an logischer Durchdringung und historisch-kritischer Verwertung der gegebenen Rechtsgrundlagen geradezu Stümperhaftes leistete;[2]

---

herrlichen Befestigungshoheit schon ins 13. oder gar ins 12. Jahrhundert verlegen, vor einer derartigen Konstruktion bewahrte Zachariae die Kenntnis der Tatsache, daß die Befestigungshoheit erst 1711 in vollem Umfange den Landesherren bewilligt wurde; sed parco nominibus viventium, möchte ich mit Quintilian. Inst. Orator. l. III, 2 § 21 sagen.

[1] Vgl. H. v. Treitschke, Politik, herausgegeben von Cornicelius Bd. II p. 84 (1898).

[2] Wenn diese Publizisten so sehr von der welthistorischen Größe ihrer Mission und von der Unvernunft des bestehenden Rechtes durchdrungen gewesen wären, dann hätten sie sicherlich das Material zur Begründung ihrer revolutionären legislatorischen Wünsche nicht in aprioristischer Auffassung der Rechtsgrundlagen und Gesetze der jüngstverflossenen deutschen Vergangenheit

in logischer Beziehung macht sich hier besonders der schon oben[1] gerügte Mangel einer ungenügenden oder überhaupt nicht vorhandenen Diärese des Befestigungsrechtes geltend; in historisch-kritischer Beziehung tritt der prinzipielle, aber großenteils unbewußte Bruch[2] mit dem bisherigen Verfassungsrecht und die willkürliche, pragmatische Interpretation der Rechtsquellen der jüngsten Vergangenheit scharf hervor; mehr und mehr orientieren sich die Untersuchungen an dem Postulat der landesherrlichen Omnipotenz; vielfach werden die Theoreme mit mißverstandenen römischen Quellenstellen begründet und beweistechnische Axiome des Rezeptionszeitalters verwandt. Im System und der Verarbeitung des Stoffes je nach dem Wissen und Können der Verfasser verschieden lassen die Werke dieser Zeit doch einige häufiger wiederkehrende Betrachtungen auf dem Gebiete des Befestigungsrechts als einen eisernen Bestand er-

---

und in kritikloser leichtfertiger Verwertung römischen Rechts gefunden, sondern sie hätten vielmehr unter Verzicht auf diesen historischen, aber der Laienwelt gegenüber sehr wirkungsvollen Flitterkram wie ihre Leitsätze so auch deren Begründung in klar erkannter Vernunftnotwendigkeit dem in den ewigen Sternen geschriebenen „richtigen Recht“ entnommen; so haben die Lehren dieser neuen Staatsauffassung gerade den Makel aufzuweisen, den die modernen Lobredner des naturrechtlichen Absolutismus dem Staat der landesherrlichen Hoheitsrechte zum Vorwurf machen; sie leiden an Disharmonie und entbehren der Einheitlichkeit; ihr angeblicher rein rationaler Titel ist nur ein schlechter Lackanstrich, unter dem deutlich erkennbar ein laitischer Historismus hervorschimmert. Die Belege und Beispiele hierfür sind den nachfolgenden Ausführungen zu entnehmen.

[1] Vgl. oben § 2 I p. 13.

[2] Nur selten finden sich vereinzelte, aber für die Konstruktion nicht verwertete Reminiszenzen an das alte Recht; so zitiert z. B. Fritsch c. 4 § 9 die oben § 2 V, 1 Note 3 S. 30 a. E. wiedergegebene Reichssentenz (1279 Sept.) als sedes der Pflicht der Untertanen zur Einholung der Befestigungsbauerlaubnis beim Inhaber der Grafenrechte. Hertius § 19 p. 230 zieht zur Illustration von J.P.O. art. 8 § 2 die oben § 2 V Note 3 S. 30 a. E. erläuterte Reichssentenz (Nürnberg 1294 April 14), ferner Sa.Sp. LR. III, 66 u. Schwa.Sp. LandR. Goldast c. 234ff., sowie das auf einer ganz anderen Rechtsgrundlage erwachsene Priv. in fav. princ. eccl. (1220 April 26) MGLL sect. IV Bd. II p. 90 n. 73 art. 9 heran; aus diesen Quellen ergibt sich ihm ein „proprium quoddam jus Dominorum regionum“; bestimmend für diese Ansicht sind ihm neben dem § Gaudeant J.P.O. art. 10 § 6 und die Wahlkapitulation Leopolds art. 13, so daß die erwähnten älteren Quellenstellen im Rahmen seiner Darstellung nur als dekoratives Beiwerk erscheinen.

kennen. Eine genaue Analyse aller dieser Ideen wiederzugeben, verbietet der knappe, hier zu Gebote stehende Raum; einige typische Beispiele mögen aber zur Illustration des oben Ausgeführten hier Aufnahme finden.[1]

1. Der § 60 des Reichsabschieds von Regensburg vom Jahre 1567 besagt:[2]

„Wiewol wir nun nach solcher von Göttlicher Allmächtigkeit jüngst gegunter glück- und sieghafter Vollendung verrichter gemein heylsamer Exekution und Justitien, da darin Aechter ihres beschwerlichen Anhangs guter Theil ihre wolverdiente Straff erreicht, ihr Receptator Hertzog Hans Friedrich in Unsern Gewalt und Custodi gelangt, Wir auch aus mehrfältigen, hochbeweglichen, rechtmäßigen, guten Ursachen verordnet, die eroberten Vestungen Gotha und Grimmenstein aus den Fundamenten zu schlayffen, zu zerstören und zu brechen, in Meynung, wie Wir Uns gegen der Churfürsten Räthen, Fürsten und Ständen, auch der abwesenden Gesandten und Bottschaften, aus der Kayserlichen Macht und tragenden hohen Ampts wegen außtrücklich erklärt, daß Unser Will und Meynung sey, daß nun fürbaß hinweiter keine Bevestigung weder zu Gotha noch Grimmenstein angefangen, gebauet oder aufgerichtet werden soll (darauff doch sie, die Räthe und Gesandten, aus Mangel nothwendigen Befelchs sich hinwieder gegen Uns nicht vernehmen noch einlassen können, aber geachtet auf künfftigem Tag zu Erffurt hievon und was der nicht Wiedererbauung der Vesten halben zu ordnen, zu reden seyn möchte) und also obberührter gestraffter Aechter, ihres Anhanges und des gantzen verrichten Exekutionswerks halben es die Endschafft erreicht, daß zuversichtlich nicht allein die Friedhäßigen und unruhigen Leut, sonderlich die, so weder Gleich noch Recht leyden können, auf alle nachkommenden Zeiten ein vorbildigen Spiegel hieran haben und behalten, sondern auch desto standhaffter und beharrlicher der geliebt heilsam gemein Fried im Heyligen Reich

[1] Von der eigentümlichen Interpretation des § Gaudeant, die noch über die in der vorhergehenden Note angeführte Hertiussche Auffassung hinausgeht, habe ich schon oben § 3 I Note 3 S. 36 gehandelt und sehe daher in diesem Zusammenhang von einer Analyse dieser Ansicht ab.

[2] Vgl. Reichsabschied v. Regensburg (1567) § 60 in N.S. Theil III p. 258 u. 259.

Teutscher Nation des gebührend Auffsehen und vor Augen Haltung und Gehorsamung der Heyligen Justitien, als des einigen Höchst Kleinods, im Reich behegt, erhalten, gehandhabt und der Gebühr exequiert werden möge."

In dieser Stelle wollte man ein Hauptargument zugunsten der landesherrlichen Befestigungshoheit finden; zu diesem Zwecke interpretierte man dieselbe ohne Rücksicht auf den übrigen Inhalt des Reichsabschieds und ohne Rücksicht auf die historischen Zusammenhänge. Man stellte fest, daß hier eine befestigungsrechtliche Spezialbestimmung vorliege und daß die Stände in einer befestigungsrechtlichen Frage ihre Zustimmung zu einer kaiserlichen Erklärung nicht ohne weiteres gaben; aus diesen beiden Beobachtungen zog man Folgerungen gegen die alleinige kaiserliche Befestigungshoheit.

a) Si munitiones nemo absque Imperatoris concessione posset aedificare, quid opus fuisset de specie constituere; generalis enim prohibitio utique hic fuisset perquam sufficiens; unde cum hic specialis fuerit facta prohibitio causis ex praegnantibus, jus generale in contrarium erit, sagt Limnaeus.[1] Mit unwesentlichen, stilistischen Änderungen wird diese Argumentation von Knipschildt, Fritsch, Berends u. a.[2] übernommen und von Stamler mit kritischen Bemerkungen referiert.[3] Merkwürdig ist hierbei, daß Limnaeus auch eine andere Auffassung der Stelle bekannt ist, die er dahin formuliert: „Ut Imperator concedendi, ita et diruendi ac prohibendi, ne fortalitia et munitiones exstruantur, potestate utitur", und daß er als Beleg dafür unsere Stelle im Wortlaut abdruckt; gegen diese Auffassung erspart er sich jede Polemik und erledigt die Frage mit den Worten: „Quod omne nostram contra propositionem"(!).[4] Knipschildt führt ebenfalls unter den rationes dubitandi in noch ausführlicherer Darstellung als das Limnäische Werk, das er als Vorlage benutzt, diese Auffassung unserer Stelle an und setzt dieselbe in Parallele zu der voraufgegangenen Reichsgesetzgebung gegen den Mißbrauch der Ganerbenburgen; auch er sieht von einer Kritik dieser Auffassung ab und verweist auf seine eigenen gegenteiligen

---

[1] Limnaeus l. 4 c. 8 no. 239 p. 252f.
[2] Knipschildt II, 22 § 79 p. 468; Fritsch c. 4 § 21ff.; Berends § 17.
[3] Vgl. Stamler § 64 no. 3, 1 p. 320, no. 4, 4 p. 322.
[4] Vgl. Limnaeus l. 4 c. 8, no. 228 III p. 249, no. 243 p. 254.

Ausführungen im Anschluß an seine Vorlage.[1] Ja Fritsch führt in diesem Zusammenhang sogar die Gaillsche Ansicht an, nach der in unserer Stelle nicht von der Errichtung von neuen Befestigungen, sondern vom Wiederaufbau zerstörter Festungen die Rede ist, daher ein allgemeines Verbot hier als ausreichend nicht zu betrachten wäre;[2] er weist diese Anschauung jedoch ohne Angabe von Gegengründen mit der Bemerkung zurück, daß eine tiefer dringende Erkenntnis für die Ansicht des Limnaeus spreche.[3]

Schon Stamler führt eine Reihe von Gründen gegen die Ansicht des Limnaeus und seiner Anhänger an;[4] außer auf den soeben angeführten, von Gaill formulierten Grund können sich nach seiner Meinung die Gegner des Limnaeus darauf berufen, daß zweifelsohne der ursprüngliche Bau mit Erlaubnis eines Kaisers errichtet worden sei, daß, wenn ein Spezialverbot nicht ergangen wäre, die Befestigungen sogleich nach Bezahlung der poena banni vom Landesherren hätten wiedererrichtet werden können,[5] daß nicht speciei per genus, sed generi per speciem derogari ex jure nostro. Diese Einwendungen lassen ein gesundes Rechtsgefühl erkennen, sie schließen sich aber zu sehr an die Behauptungen der gegnerischen Ansicht an, um der historischen Sachlage, die ganz einfach und unverwickelt ist, vollauf gerecht zu werden. Nicht wird in dem Reichsabschied von 1567 über die generelle Frage gehandelt, ob Befestigungen ohne Erlaubnis des Kaisers errichtet werden dürfen; es liegt vielmehr nur ein Bericht über eine auf reichsgesetzlicher Grundlage,[6] in einem konkreten Fall nach voraufgegangenem Reichsbeschluß auf Spezialbefehl des Kaisers durch den Kurfürsten August von Sachsen in seiner Eigenschaft als obersächsischer Kreisoberst

---

[1] Vgl. Knipschildt II, 22 § 68 p. 467, § 88 p. 470.

[2] Gail. 2. Obs. 69 no. 18 und De Pace Publ. l. 1 c. 1 n. 42.

[3] Fritsch c. 4 §§ 23 u. 24.

[4] Stamler § 64 p. 325. Stamler entscheidet sich jedoch weder für die Limnäische noch für die gegnerische Ansicht, die er beide registriert.

[5] Vielleicht liegt hierin eine Reminiszenz an den Augsburger Landfrieden von 1548 tit. XIII N.S. Theil II p. 579; in diesem Stadium war ein derartiger Ausweg aber kaum mehr gegeben; vgl. auch K.G.O. (1555) III tit. 49 § 5.

[6] Vgl. z. B. Reichsabschied Augsburg (1559) § 28 in N. S. Theil III p. 168; Reichsabschied Augsburg (1566) § 9 in N.S. Theil III p. 214; Mandatum universale, Augsburg (1566 Juni 1) in N.S. Theil III p. 246; Reichsabschied Regensburg (1567) § 38 N.S. Theil III p. 254, § 40 eod. loc. p. 255.

vollzogene Landfriedensexekution[1] vor; mit einer derartigen Exekution war ipso jure das Verbot des Wiederaufbaues des zerstörten landschädlichen Gebäudes nach uraltem, noch geltendem Reichsrecht verbunden, von dieser Urteilsfolge konnte nur der Kaiser entbinden.[2] Es liegt in der Natur der Sache, daß der Tenor eines gerichtlichen Urteils, und um die inhaltliche Wiedergabe eines solchen handelt es sich hier, nicht in genereller Form nach Art eines Rechtssatzes, sondern vielmehr nur in spezieller Anwendung eines generellen Rechtssatzes auf einen konkreten Tatbestand abgefaßt sein kann; daraus ergibt sich die Unhaltbarkeit der Folgerungen, die Limnaeus und seine Anhänger an unsere Stelle geknüpft haben, um eine Stütze für ihre weitere, an unsere Stelle anschließende Behauptung zu schaffen.

b) Si hoc a mera Imperatoris voluntate dependet, ad quid opus erat Statuum consensu? quorsum attinebat voluntatem Imperatoriam suspendere? quid poterant legati praetendere, daß sie aus Mangel nothwendigen befelchs sich gegen Kays. Majestät nicht vernehmen noch einlassen könten, sondern achteten, daß auff zukünfftigem Tag zu Erffurt hiervon und was der nicht wiederbauung deren Festungen halben zu ordnen, zu reden sein möchte. Hoc videlicet est, quod me movet, ut credam Status, ne ipsorum libertati extruendi munitiones aliquid videretur detractum, non facile hanc in prohibitionem consensuros, führt Limnaeus[3] zu der zweiten oben angeführten Beobachtung aus; Knipschildt übernimmt fast wörtlich diese Ausführungen.[4] Diese beiden folgern sonach aus unserer Stelle, daß Befestigungsfreiheit der Landesherren schon vor 1567 bestanden habe. Dagegen sehen Berends und Stryk in der Stelle ein komitiales Verbietungsrecht;[5] diese letztere Auffassung ist offensichtlich in Anlehnung an den § Gaudeant entstanden und in der

---

[1] Vgl. Reichsabschied Regensburg (1567) § 42 N.S. eod. loc. p. 255; Deputationsabschied Frankfurt (1569) § 12 in N.S. eod. loc. p. 278.

[2] Vgl. z. B. Kayser Friedrichs Landfriedens-Concept (1471) § 7 in N.S. Theil I p. 229; Landfrieden von Augsburg (1474) § 7 in N.S. l. c. p. 263. — Über diese Frage wird im Befestigungszerstörungsrecht noch speziell zu handeln sein.

[3] Limnaeus l. 4 c. 8 no. 239 p. 253.

[4] Knipschildt II c. 22 § 80 p. 468.

[5] Berends § 17; Stryk VIII, 6 § 8 p. 92.

Rechtsentwickelung ohne Verwertung geblieben; sie ist aber bezeichnend für den Einfluß der genannten Bestimmung des Westfälischen Friedens auf die Doktrin.

Gegen die Limnäische Lehre führt Stamler[1] wiederum Gegengründe an: Voluntatem Imperatoriam suspensam non fuisse vel inde patescit, quod utique ipsa fortalitia diruta soloque aequata fuerint et quod sequentibus quoque Comitiis[2] Erfurtii habitis Status Imperii prohibitae eorum ab Imperatore in futurum reaedificationi nihil quicquam opposuerint idque tanto magis, quod ipsa demolitio maximae eorum parti non placuerit. Diesen Ausführungen ist durchaus zuzustimmen. Jedenfalls betrifft die in unserer Stelle eingefügte Erklärung der Stände zwei verschiedene Punkte; an zweiter Stelle wird beiläufig bemerkt, daß man zugunsten der Wiedererbauung beim Kaiser auf dem Erfurter Tag intervenieren wolle, der Erfurter Abschied erwähnt hiervon nichts; erst auf dem Reichstag zu Speier vom Jahre 1570 erfolgte eine derartige Vermittelung. Der Abschied berichtet darüber: „Was dann sein Hertzog Hans Friedrichs übrigen Antheil Lands anlangt, ob wol derselbig Antheil Uns und dem H. Reich vermög deß Landfriedens und Exekutionsordnung, wie oben gehört, heimgefallen und verhaftet: Doch auf der anwesenden Churfürsten, Fürsten und Stände, auch der andern Räthe und Bottschafter unterthänigst an Uns beschehen Vorbitt und mitleydentlich Ersuchen, haben Wir jetzt genanntes Hertzog Hans Friedrich drey junge Söhn auß Kays. Gnaden und auf beschehen

[1] Stamler § 64 no. 4, 4 p. 325. — Auch hier vermeidet Stamler die Angabe seiner eigenen Ansicht und registriert nur die widersprechenden Auffassungen der Anderen.

[2] Der Erfurter Tag war kein Reichstag, man kann daher auch nicht die in der Publizistik des siebzehnten Jahrhunderts sich einbürgernde Bezeichnung desselben als *comitia* bei Stamler billigen; zwei Jahre nach Stamlers Werk erschien in Mainz ein Codex Recessuum, der die Beschlüsse dieses Tages als Abschied des Reichstags zu Erfurt aufführt. Es handelt sich hier vielmehr um einen allgemeinen Reichs-Creissabschied; die N.S. Theil III p. 264 bezeichnet ihn als Abschied der Röm. Kayserl. Majestät und des H. Reichs Creisse Verordneter für sich, und im Namen Churfürsten, Fürsten und Reichs-Ständ zu Erffurt 1567. Schon Datt. de P.Publ. l. 1 c. 21 § 70 p. 151 frappierte diese irrtümliche Bezeichnung; vielleicht ist diese Bezeichnung auf ständischen Einfluß zurückzuführen, um den Abschied als weiteren Titel für das komitiale Finanzhoheitsrecht zu verwerten.

von ihret wegen bey Uns unterthänigst abbitten, zu solchem Anteil Landes mit allen seynen Pertinenzen, doch auch mit allen darzu gehorende Anforderungen, durchaus vorbehalten, wiederumb allergnädigst restituiert und damit belehnet usw.“[1] Weiteren Erfolg hatten die Bitten, und um solche handelt es sich hier, zunächst nicht; über gnadenweise Milderung der Folgen des Landfriedensbruchs, zu denen auch das Verbot des Wiederaufbaus gehört, verfügte der Kaiser, wie sich aus vorstehendem Reichsabschied ergibt, souverän. In erster Linie betrifft wohl die im Reichsabschied von 1567 eingefügte Erklärung der Stände eine Finanzfrage, nämlich die Aufbringung und Erstattung der Exekutionskosten an den Kurfürsten von Sachsen, sie charakterisiert sich als eine retardierende Wiederholung der im § 54 desselben Reichsabschieds getroffenen Vereinbarung,[2] nach der über diese Fragen auf der gemeinen Creiß-Versammlung zu Erfurt am 1. August 1567 Beschluß gefaßt werden sollte.[3] In unserer Stelle kann daher eine Entscheidung über die Befestigungshoheit oder auch nur über die Befestigungsfreiheit der Landesherren weder explicite noch implicite gefunden werden.[4]

Der Limnäischen Interpretation schließt sich bald die communis opinio an; man nahm als feststehend an, daß in unserer

---

[1] Reichsabschied Speier (1570) § 40 in N.S. Theil III p. 293.

[2] Reichsabschied Regensburg (1567) in N.S. Theil III p. 257.

[3] Auch dort einigte man sich nicht; vgl. Abschied Erffurt (1567) in N.S. Theil III p. 264; auch der Deputationstag Frankfurt (1569) in N.S. Theil III p. 278ff. führte zu keiner Erledigung der Angelegenheit, da man schließlich, bei aller Wohlgeneigtheit zur Erstattung der Kosten, nur eine gemeine Reichsversammlung für die Beschlußfassung zuständig hielt, vgl. § 62 l. c. p. 288; demgemäß wurde die Angelegenheit auf die Tagesordnung des Reichstags Speier (1570) gesetzt und dort erledigt, vgl. N.S. Theil III p. 293 § 35ff.

[4] Obs. IV 8 § 20 p. 132ff. steht zwar auf dem richtigen Standpunkt, daß consensus Imperatoris tunc communiter licebat; sie will aber in unserer Stelle die Absicht des Kaisers erkennen, sich selbst und seine Nachfolger in der Frage des Wiederaufbaus der beiden Befestigungen an einen Komitialbeschluß zu binden, diese Absicht sei allerdings ein negotium infectum geblieben; eine derartige Kundgebung ist aber in der Stelle nicht enthalten und aus dem Zusammenhang nicht zu entnehmen. Dieser Erklärungsversuch verkennt, daß es sich hier um die Wiedergabe eines vorher rechtskräftig gewordenen Urteils handelt und daß die Initiative zur Milderung dieser Nebenstrafe von den Ständen ausging, ohne daß von kaiserlicher Seite eine Erwiderung darauf erfolgt wäre, geschweige denn eine Verschärfung in Anregung gebracht worden wäre.

Stelle ein Argument dafür zu erblicken sei, daß den Landesherren kraft Landeshoheit das Recht der Befestigungsfreiheit zustehe.[1]

2. Die Begründung der landesherrlichen Befestigungsfreiheit wird in der Literatur dieser Zeit auch noch auf einem andern Wege gewonnen. Das dominium terrae wird romanistisch konstruiert; das Gebiet der Landesherren wird als dominium, als Eigentum im Sinne des römischen Privatrechts, behandelt und Rechtssätze dieses Instituts kritiklos auf die Lehre vom landesherrlichen Gebiet übertragen.[2] Die Justitia Exstructionis Idumeae stützt sich an erster Stelle auf gemeines geschriebenes Recht und folgert aus l. 3 pr. D. 50,10, wenn es Privatpersonen erlaubt sei, sei „vielmehr noch ein freyer ohnmittelbarer Stand auf seinem befreyt territorio zu bawen befugt".[3] Kyllinger führt wohl auf Grund ähnlicher Überlegungen aus: „De iis, qui superiorem neminem recognoscunt dubium fere nullum est, quin aedificium quodcunque et sic castra etiam ac propugnacula in suo territorio pro arbitrio aedificent".[4] Die Bedenken, die Stamler hiergegen vorbringt, daß es sich bei der Baufreiheit Privater[5] nur um mäßige Schutzbauten, keineswegs aber um Befestigungen handle, und daß daraus auf die Befestigungsfreiheit der Landesherren nicht geschlossen werden könne,[6] verhallten fast unbeachtet. Die communis opinio sprach sich für die Befestigungsfreiheit aus.[7] Mit der Anerkennung dieses Prinzips übernahm die Theorie gleichzeitig auch die römisch-rechtlichen Einschränkungen privatrechtlicher Natur in die Lehre von der Befestigungsfreiheit der Landesherren; hiernach war aemulatio alterius civitatis, materia seditionis und, was sich aus dem geltenden Reichsrecht nicht ohne Nachteil für die Landesherren weginterpretieren ließ, Privilegien-

---

[1] Schweder, P.sp. sect. I c. 29 § 13 no. 3 Ziffer 1 p. 658, sect. II c. 16 no. 8 Ziffer 4 p. 988; Stryk I, 24, 2 § 15 p. 467; VIII, 6, § 8 p. 92; III, 17, 2 § 56 p. 401; Sinolt, Exerc. 6 th. 23 Note f. p. 413.

[2] Vgl. hierzu Heusler p. 288.

[3] Bei Londorp I, l. 2 c. 18 p. 385.

[4] Kyllinger, disc. 4 § 2 p. 49.

[5] Von dieser und ihrem Verhältnis zum Befestigungsrecht wird an anderer Stelle ausführlich zu handeln sein.

[6] Stamler § 64 no. 5 p. 323.

[7] Hering, De Castris § 9 no. 6; Limnaeus l. 4 c. 8 no. 235ff. p. 252; Knipschildt II c. 22 § 78 p. 468; Fritsch c. 4 § 25; Klock, Tract. de contrib. c. 9 p. 191; u. a. m.

verletzung zu vermeiden;[1] außerdem gewährte man diese Freiheit nur defensionis gratia;[2] nur bei Nichtbeachtung dieser einschränkenden Bestimmungen sollte der Kaiser in utilitatem Imperii einzuschreiten befugt sein.[3] Etwaige der Lehre von der Befestigungsfreiheit der Landesherren entgegenstehende Vorschriften des römischen Rechts wurden teils damit erklärt, daß inzwischen die Regalien von den Landesherren erworben worden seien, also die dem princeps in den Quellen vorbehaltenen Rechte auch ihnen nunmehr zustehen, teils wurden sie für antiquiert und deshalb unanwendbar erachtet.[4]

Diese Lehre von der Befestigungsfreiheit der Landesherren läßt die Befestigungshoheit des Kaisers, wie sie oben[5] auf der Grundlage der Quellen dargestellt wurde, in mancher Hinsicht unberührt; ja die aufgestellten Einschränkungen machten sie praktisch wertlos. In ihren Anfängen scheint sie nur eine Aufhebung der Einholung kaiserlicher Erlaubnis zur Anlage landesherrlicher Befestigungen zu postulieren; in ihrer endgültigen Gestalt bedeutet sie aber das Postulat der Vernichtung der kaiserlichen Privilegienhoheit auf befestigungsrechtlichem Gebiet, die nach den Wahlkapitulationen von 1658 und 1690 noch bestand, wie eine Vergleichung mit der Wahlkapitulation von 1711 ergibt.[6] Die rechtspolitische Bedeutung dieser Lehre liegt in der durch sie herbeigeführten Umdeutung der rechtlichen Grundlagen des tatsächlich vielfach ohne Einholung kaiserlicher Erlaubnis von den Landesherren eigenmächtig vorgenommenen Befestigungsbaues, der in den Fällen, wo kaiserliche General-

---

[1] Vgl. l. 3 pr. D. 50, 10; Kyllinger will auch Befestigungsbauten ad aemulationem den Ständen erlauben, er drang aber mit seiner Ansicht (disc. 4 no. 158 p. 67) nicht durch; vgl. im übrigen z. B. Limnaeus l. 4 c. 8 no. 235 p. 251; Knipschildt II c. 22 § 88 p. 471; Schweder, P.sp. sect. I c. 29 no. 13 § 3 p. 657; Sinolt, Exerc. 6 th. 23 Note f. p. 413; Myler, P. II c. 77 no. 3 p. 687; Berends § 17; u. a. m.

[2] Vgl. l. 3 D. 1, 1; l. 4 pr. l. 45 § 4 D. 9, 2; Knipschildt II c. 22 § 76 p. 468 u. § 88 p. 471 und die dort angeführte Literatur, sowie die Note 1 S. 47 zitierten Autoren.

[3] Vgl. z. B. Knipschildt II c. 22 § 88 p. 471. — Zur Kritik der inneren Widersprüche dieser Theorie findet sich manches Brauchbare in Obs. IV 8 § 19 p. 130, ohne daß es irgendwelche Beachtung oder Widerlegung gefunden hätte.

[4] Vgl. z. B. Knipschildt II c. 22 §§ 82 u. 83 p. 469.

[5] Vgl. oben § 2 II. p. 13 bis 24.

[6] Vgl. oben § 3 I Note 1 S. 35 u. Note 3 S. 37.

konzessionen nicht vorhanden waren, sich nach bisherigem Recht nur als Ersitzungshandlung betrachten ließ; gleichzeitig wurde damit, wenigstens theoretisch, eine Zwischenstufe zwischen dem System der kaiserlichen Konzessionierung landesherrlicher Befestigungen und dem System des landesherrlichen Befestigungsbaues kraft eigenen Hoheitsrechtes geschaffen, die den Übergang vorbereitete und erleichterte.

3. Der Nachweis der Befestigungshoheit der Landesherren wird von der Theorie auch auf rationalem Wege aus dem von ihr ausgebauten Begriff der Landeshoheit gewonnen, als deren essentiale schließlich dies Hoheitsrecht von ihr bezeichnet wird.

Inhaber der Landeshoheit (Landesfürstlichen Obrigkeit, jus territoriale, summa jurisdictio, generale dominium, omnimoda jurisdictio, superioritas territorialis, Landesobrigkeitlichen Gewalt) sind die Landesherren;[1] die Landeshoheit ist ein Konglomerat von herrschaftlichen Befugnissen, die im Anschluß an die alten gräflichen Amtsbefugnisse allmählich zu lehenrechtlichen Herrschaftsrechten und später zu freien dinglichen Rechten unter amtsrechtlichem, lehenrechtlichem, erbrechtlichem Titel anfänglich auf Grund kaiserlicher Privilegien, später auf Grund von Immemorialersitzung, die zum Surrogat kaiserlicher Privilegierung wurde, sich gestalteten.[2] Als subjektives Erfordernis wird reichsgesetzlich seit der Mitte des

[1] Eine genauere Definition der Landeshoheit in subjektiver und objektiver Beziehung läßt sich nur für einzelne Zeitabschnitte und einzelne Gebiete geben; es hängt dies damit zusammen, daß dies Rechtsinstitut vom zwölften bis zum achtzehnten Jahrhundert nach Personenkreis und Umfang der Befugnisse in ständiger Veränderung und Entwickelung begriffen ist, als deren Grundtendenz die Erweiterung und Vermehrung der landesherrlichen Rechte unschwer zu erkennen ist. Grafschaft, Landesgewalt, Landeshoheit bezeichnen die Grundtypen dieser Entwickelung, die uns in mannigfachen Variationen und Übergangsformen in dieser langen Periode entgegentreten. Die Schwierigkeiten einer Begriffsbestimmung kennzeichnet schon der Vitriarius Jur. Publ. tit. 15 no. 3 p. 435 dahin, daß neben dem Schwanken in der Benennung der Befugnisse, auch keine jure aliquo scripto nec perpetua aut certa observantia bestimmte Definition vorhanden sei, daß Bezeichnungen verschiedener Entwickelungsperioden promiscue gebraucht werden, und so eine perpetua materia litis, quam peperit et auget ignorantia, vorhanden sei.

[2] Schon die ältere Theorie hat diese Entwickelung erkannt; vgl. hierzu Stryk I, 24, 2 § 9 p. 467; Crellius c. 11 p. 42; Vitriarius Jur. publ. t. 15 p. 433; Negelein p. 45.

sechzehnten Jahrhunderts „das Haben von Gütern ohne Mittel von oder unter dem Reich“ aufgestellt;[1] auch den civitates, die diesen Erfordernissen entsprachen, billigte man den Besitz der Landeshoheit zu, indem man nicht die Titulatur und die jura personalia als entscheidend betrachtete,[2] sondern den Besitz der früher amtsgräflichen Befugnisse als ausschlaggebend ansah; auch der immediata nobilitas wird die Landeshoheit bis ins siebzehnte Jahrhundert noch zugesprochen,[3] bis man einen begrifflichen Unterschied zwischen Jus Superioritatis territorialis und Jus Territorii konstruierte.[4]

Während der Inhalt und Umfang der landesherrlichen Befugnisse nicht nur historisch, sondern auch individuell verschieden ist, findet sich seit Ausgang des sechzehnten Jahrhunderts ein rationales Prototyp der Landeshoheit bei den Publizisten, das im siebzehnten Jahrhundert, besonders seit dem Westfälischen Frieden immer reicher und machtvoller ausgestaltet wurde. Das geschichtlich gewordene Bild entsprach dem Jus Territorii, das rationalistisch gewonnene entsprach dem Jus Superioritatis Territorialis; das letztere erlangte entscheidenden Einfluß auf Rechtslehre und Gesetzgebung, und beeinflußte damit auch die Entwickelung des Befestigungshoheitsrechts.

a) Das Befestigungsrecht ist, wie oben[5] ausgeführt, ein regale majus. Die Regalien werden ex concessione Imperatoris oder ex tali praescriptione, quae legitimae concessionis loco sit, erworben; noch Sixtinus[6] begründet dies damit: „quia in Imperatore omnis jurisdictio omneque imperium tamquam in fonte residet, ex quo rursus in alios derivatur“. Nach der communis opinio werden auch die regalia maiora, nicht nur die minora, durch die kaiserliche Konzession des merum imperium cum regalibus erworben von den

---

[1] Reichsabschied Augsburg (1548) § 66 bei Schmauss p. 176.

[2] Vgl. Besoldus, Disc. Pol. 4 c. 5 § 9 p. 130; er sagt im Anschluß an den von ihm zitierten Bocer: „si tamen habeant castra et loca, in quibus regalia exercerent“.

[3] Vgl. Matth. Stephan, De Jurisd. l. 2 p. 1 c. 7 no. 16; Mingius, De superioritate territ. c. 3 concl. 47; Stryk I, 24, 2 § 22 p. 467; Sinolt, Exerc. 9 th. 10 p. 740; Bidenbach, Quaest. nob. 1 num. 7.

[4] Vgl. Klockius, Tr. de Contrib. c. 14 p. 283; Stryk III, 17, 2 § 64 p. 402; Fritsch c. 4 §§ 47 u. 48; u. a. m.

[5] Vgl. oben § 1, IV. p. 10.

[6] Sixtinus, De jurisdictione et imperio c. 4 § 13.

personis in perpetua dignitate constitutis, und zwar pro se et suis heredibus; respectu Caesaris et Imperii haben aber die Landesherren nur ein dominium utile an ihren dignitates et dominia.[1] Wollte man unter den damit verliehenen befestigungsrechtlichen Befugnissen nur die oben[2] als im gräflichen Amtsrecht enthalten bezeichneten Rechte verstehen, dann wäre die Konstruktion als einwandfrei zu bezeichnen; aber schon Kyllinger bezeichnete als Grundlage der landesherrlichen Baufreiheit eben diese generalis regalium concessio[3] und stellt damit ein Postulat auf, das dem damals geltenden Rechtszustand noch nicht entsprach, da tatsächlich in dieser Zeit die kaiserliche Privilegienhoheit auf befestigungsrechtlichem Gebiet noch mehr als fünfzig Jahre später vom Kaiser ausgeübt wird. Trotzdem hat diese Lehre mehrfachen Anklang gefunden; Klockius formuliert sie folgendermaßen: „Jus muniendi, sive Arces, Castella et Fortalitia de novo erigendi . . . Domino Territorii competere et inter Regalia referri censent Politici";[4] zum Beweis dieser Ansicht führt er und die von ihm zitierten Autoren l. 8 § 4 D. 1, 8 an; da diese Stelle aber von der Ausbesserung und Veränderung bestehender Stadtmauern handelt, ist sie als Argument für die proponierte These nicht zu verwerten. Knipschildt hat sich unbedenklich der Kyllingerschen Lehre angeschlossen;[5] dagegen scheint Limnaeus[6] ursprünglich auf dem Boden der historisch gewordenen Verhältnisse gestanden zu haben, wenn er auch den Gedanken nicht nur nicht konsequent durchführt, sondern ihn sogar, nachdem er ihn einleitungsweise verwandt hat, wiederum stillschweigend aufgibt; er rechnet nämlich das Festungsbaurecht zu den „regalia, quae politicam Principum potestatem concernunt et respectu territorii illis ex

---

[1] Sixtinus l. c. c. 4 §§ 15 u. 16.

[2] Vgl. oben § 2 V, 1. p. 30.

[3] Kyllinger, Disc. 4 no. 153 p. 67; vgl. hierzu oben § 2 Note 1 p. 24, wo auch die Materialien zur Widerlegung dieser Ansicht angeführt sind, sie beweisen, daß sich noch in der zweiten Hälfte des siebzehnten Jahrhunderts namhafte Autoren, entsprechend dem durch Beispiele in § 3 Note 3 p. 37 illustrierten Rechtszustand, gegen eine derartige willkürliche Auffassung aussprachen.

[4] Klockius, Tr. de Contrib. c. 9 § 1 p. 191.

[5] Knipschildt II c. 22 §§ 77 u. 82 p. 468 u. 469.

[6] Limnaeus l. 4 c. 8 no. 206ff. p. 245ff. Dort auch weitere Literaturangaben.

privilegio vel alio jure (d. h. Immemorialersitzung) competunt; respiciunt ea potissimum aut bellica aut pacis negotia".

Der Ideenkreis, dem diese Lehre entspringt, faßt die Regalien der Landesherren als Rechte auf, deren regelmäßiger Erwerbstitel ein kaiserliches Privileg ist; nur insoweit hier angenommen wird, daß das eigene Befestigungsbaurecht in der Generalkonzession der Regalien inbegriffen sei, wird hier eine Neuerung postuliert. Der Lehre von der Befestigungsfreiheit der Landesherren gegenüber bedeutet die Lehre insofern einen Fortschritt auf dem Wege zur absoluten Befestigungshoheit, als sie das Befestigungsbaurecht der Landesherren, wenn auch als abgeleitetes Hoheitsrecht auffaßt.

b) In der Mitte des siebzehnten Jahrhunderts paßt sich die Lehre vom Befestigungsrecht, wie schon oben[1] bemerkt, den veränderten kulturellen und kriegstechnischen Verhältnissen an; das Befestigungsrecht wird zum Festungsrecht, das Schwergewicht des jus muniendi wird darin gefunden, daß es ein praeparatorium juris bellici ist;[2] die Momente, die am Ausgang des Mittelalters noch von ausschlaggebender Bedeutung waren, treten mehr und mehr zurück; man ordnet es daher begrifflich dem Jus belli unter als annexum juris bellici et armorum.[3] Das Jus belli schrieb man den Landesherren zu; man stritt zwar darüber, ob etwa den Landesherren die volle Kriegsherrlichkeit zustehe[4] oder ob sie nur das Recht des Defensivkrieges besäßen;[5] immerhin nahmen auch die Autoren, die den Landesherren nur das letztere Recht zubilligten, großenteils[6] an, daß auch in ihm begrifflich die Befestigungshoheit enthalten sei.

In dieser Auffassung tritt das den kulturellen Zeitverhältnissen gerecht werdende Moment stark zurück; im Vordergrund steht hier vielmehr die auf konstruktivem Wege, rein begrifflich und denk-

---

[1] Vgl. oben § 1, IV. p. 10.

[2] Vgl. Röhrensee § 11; Stryk III, 17 c. 2 § 54 p. 405.

[3] Vgl. Fritsch c. 4 § 25; Stryk VIII, 6 § 11 p. 93.

[4] Limnaeus l. 4 c. 8 n. 238 p. 252; Struvius, Synt. Jur. feud. c. 2 § 21; Berends § 7; Knipschildt II c. 22 § 75 p. 468; Röhrensee § 11. Meditat. ad Cap. Josephi p. 129 art. 13 Note p.

[5] Stamler § 64 no. 4 p. 322; Fritsch c. 4 § 25; Obs. IV, 8 § 19 p. 128.

[6] A. A. Stamler § 64 no. 5 p. 323; dieser hält einen Defensivkrieg auch ohne facultas exstruendarum munitionum für möglich und verlangt praecedens consensus Imperatoris favore Rei publicae.

notwendig, gewonnene Erkenntnis, daß den Landesherren als Inhabern des Jus belli auch die Befestigungshoheit zustehen müsse.

c) Nach den beiden soeben dargestellten Auffassungen erscheint zwar die Befestigungshoheit als landesherrliches Recht; die Verknüpfung von Landeshoheit und Befestigungshoheit erfolgt aber mittelbar, auf Grund von Prämissen, mit deren Gültigkeit oder Ungültigkeit auch über die Richtigkeit dieser Folgerungen entschieden wird; es galt daher more geomotrico eine direkte Verknüpfung von Landeshoheit und Befestigungshoheit herbeizuführen, um damit ein von der Hinfälligkeit von Prämissen unabhängiges und demgemäß, nach den Anschauungen der Doktrin, sichereres Resultat zu gewinnen; aus dem axiomatisch festgelegten Wesen der Landeshoheit mußte sich unmittelbar der Besitz absoluter Befestigungshoheit ergeben.

α) Der Begriff des Jus Majestatis erleidet einen Bedeutungswandel. Während nach der älteren noch durch Colerus, Arnisaeus und Besoldus vertretenen Lehre[1] die jura majestatis nur dem Kaiser zugeschrieben wurden, wird zu Stamlers[2] Zeit dem Ausdruck schon ein judicium incertum beigelegt, da zu den Regalien die meisten den einzelnen Ständen zustehenden Rechte gezählt werden; endlich schrieb man in der zweiten Hälfte des siebzehnten Jahrhunderts den Landesherren das volle Jus Majestatis, die vera majestas zu,[3] wenn sich hiergegen auch noch eine vereinzelte Opposition geltend machte;[4] man identifizierte nämlich jura majestatis und regalia.[5]

β) Parallel mit dieser Ideenentwickelung geht die begriffliche Umwandelung des Titels der Regalien. Bei dem Regalienerwerb handelt es sich um speziellen und generellen Erwerb von Einzelbefugnissen auf Grundlage von Privilegien oder Surrogaten derselben; auch die Generalkonzession der Regalien umfaßt nicht alle denk-

---

[1] Colerus in Sect. Imp. Germ. sect. 26; Arnisaeus, de Jur. Majest. l. 2 c. 5 p. 341; Besoldus, de Jurib. Majest. c. 6 § 4.

[2] Stamler § 64 no. 2 p. 319; Goeddeus, vol. 3 cons. 33 nos. 186 u. 187.

[3] Berends §§ 7 u. 18; Schweder, J.P.P. spec. s. 1 c. 29 § 2; Fritsch c. 4 § 2f.; Ziegler, De jur. Majest. l. 1 c. 35 § 3 p. 631; Muck, De injusta opp. § 8; Thomasius, Jus. Dand. Civ. § 42.

[4] Vgl. z. B. Stryk I, 24, 2 § 9 p. 467.

[5] Vgl. z. B. Muck, De injust. opp. § 8.

baren Hoheitsrechte in ihrem vollen Umfang. Tatsächlich war der Regalienerwerb der Landesherren beschränkt durch die kaiserlichen Befugnisse, die allmählich zu Reservatrechten verblaßten, und die kaiserliche absolute Privilegienhoheit. In der Generalkonzession aller herkömmlich einem bestimmten Stande zustehenden Regalien erblickte die Doktrin die Konzession aller denkbaren Regalien an die einzelnen Kategorien von Ständen, und dieses von der Theorie aufgestellte Postulat wurde als angeblich geltendes Reichsherkommen ausgegeben;[1] damit war ein konstanter Begriff der Superioritas territorialis concessa gewonnen, der sich nun auch wieder leicht mit Quellenstellen belegen ließ.[2] Wenn aber den Landesherren die vera majestas zusteht, wenn diese der Inbegriff aller denkbaren Regalien ist,[3] dann steht den Landesherren auch das jus muniendi non per modum privilegii a principe accepti, sed jure superioritatis territorialis adeoque ordinario et proprio zu;[4] als Beleg für diese These zitiert Pregizer den Paragraphen Gaudeant(!). Was Kyllinger mit seiner mißverstandenen Zitation von Mingius,[5] was Limnaeus und seine Schüler Knipschildt, Berends u. a. mit der Behauptung: „insolitum haud esse ab Imperatore confirmationem debiti nobis alias juris obtinere",[6] nicht beweisen konnten, was Fritsch, Myler, Stryk u. a. mit der schmucklosen These, daß dies Recht als Regal vigore superioritatis territorialis allen Fürsten und Ständen zustehe,

---

[1] Vgl. oben p. 50; Myler pars 2 c. 36 n. 1 et seq.; Muck § 8; Stryk III, 17, 2 § 64 p. 402.

[2] Stryk VIII, 6 § 11 p. 93, führt dafür an R.A. 1548 §: Wiewohl auch in der Regierungshandlung; R.A. 1582 §: „Wir wollen darneben doch denen Churfürsten Staenden an ihrer hergebrachten(!) Ober- und Gerechtigkeit nichts benommen haben"; die stehende Formel in den Kapitulationen: „Churfürsten Fürsten, Grafen, Herren und Staenden bey Ihren Hoheiten, Würden, Rechten und Gerechtigkeiten, Macht und Gewalt jeden nach seinem Stand bleiben lassen, ohne unseren und maenniglichen Eintrag und Hinderung."

[3] Thomasius, Jus. Dand. Civ. § 42; vgl. auch Stryk I, 24, 2 § 12 p. 467; III, 17, 2 § 58 p. 401, § 64 p. 402; u. a. m.

[4] Pregizer, Jus majestatis § 7; ähnlich Med. ad. Cap. Jos. art. 13 Note p p. 129.

[5] Kyllinger, Disc. 4 § 146 p. 66; vgl. Mingius, De Superiorit. territ. concl. 76.

[6] Limnaeus l. 4 c. 8 no. 241 p. 254; Knipschildt II, 22 § 87 p. 470; Berends § 17.

nicht erklären konnten,[1] das ist jetzt rational aus dem axiomatischen Begriff der Landeshoheit bewiesen. Allerdings ist diese absolute Befestigungshoheit der Landesherren in Wirklichkeit nicht schrankenlos vorhanden; derartige Beschränkungen sind aber als mit Zustimmung der Landesherren ex pacto geschaffene restrictiones nicht minutiones[2] dieser ihrem Wesen nach absoluten Befestigungshoheit anzusehen; aus der so begründeten vera majestas der Landesherren gewann man in Verbindung mit der Lehre vom pactum den Satz, daß die summa potestas nicht mehr beim Kaiser ruhe; et licet nonnulla majestatis jura eidem relicta sint, sagt Stryk,[3] ... ea tamen vel ipsa adhuc summopere limitata et insuper partialia sunt, a quibus ad possessionem totius argumentari non licebit; diese historisch begründete Präsumption ersetzte man durch die rationale romanisierende, nach der den Ständen alles zustand, was die Kaiser sich nicht ausdrücklich in den pactis vorbehalten hatten.[4] Wohl blieb diese Lehre von der Omnipotenz der Stände und der Verschiebung der Beweislast zu ungunsten des Kaisers nicht ohne Widerspruch,[5] wohl kehrte die Theorie in späterer Zeit wieder zur richtigen Lehre zurück,[6] aber in der für die Formulierung der Wahlkapitulation Karls VI. ausschlaggebenden Zeit war die soeben dargestellte, in ihrer Begründung widerspruchsvolle und historisch unhaltbare Lehre unverkennbar allein maßgebend.

§ 4.

Kaiser und Reich.

I. Auf einem Spezialgebiet erlangten die Reichsstände, wie schon oben[7] angedeutet, eine Beteiligung an der Befestigungshoheit

---

[1] Fritsch c. 4 § 9 und die dort zitierte Literatur; Myler pars II c. 77 p. 686 no. 2; Stryk VIII, 6 §§ 2 u. 4 p. 90f., § 9 p. 92.

[2] Muck § 8; Stryk III, 17, 2 § 59 p. 401; VIII, 6, 1 § 3 p. 90; vgl. auch Crellius c. 10 p. 36 u. Muck § 25.

[3] Stryk I, 24, 2 § 5 p. 467.

[4] Vgl. z. B. Berends § 17.

[5] Vgl. statt vieler Kulpis Diss. VII c. 2 § 13 p. 280f.; Schweder, Pars. spec. sect. 2 § 3 p. 868f.

[6] Vgl. Moser, Kayserl. Regierungsrechte und Pflichten (1772) p. 58f.

[7] Vgl. oben § 3 Note 1 bis 3 p. 36, woselbst auch die einschlägigen Bestimmungen des Paragraphen „Gaudeant" im Wortlaut in Note 1 p. 36 wiedergegeben sind.

durch den Westfälischen Frieden; neben anderen militärhoheitlichen Rechten wurde die Gesetzgebung und Legalinterpretation bestehender Vorschriften über die Anlage neuer Reichsfestungen und die Besatzung vorhandener Befestigungen im Namen des Reichs zu einem jus comitiale erklärt und damit der Kaiser in diesen Angelegenheiten an die Mitwirkung des Reichstags[1] gebunden.

Über die Veranlassung dieser Beschränkung der kaiserlichen Rechte und die, wenn auch nach Form und Inhalt beschränkte, Erweiterung der landesherrlichen Rechte berichten die allerdings ein halbes Jahrhundert später veröffentlichten, aber durchaus glaubwürdigen Meditationes ad Instrumentum pacis Caesareo-Suecicum vermutungsweise, daß mit Rücksicht auf die Handhabung der kaiserlichen Befugnisse und die auf Grund derselben den Territorien auferlegten Lasten, zu deren Begründung man sich, auch wo es sich um spezifisch kaiserliche Interessen handelte, im Dreißigjährigen Kriege stets auf das nomen publicum berief, in diesen Angelegenheiten eine Trennung der Reichsangelegenheiten von den kaiserlichen Interessen herbeigeführt werden sollte.[2] Liegt in der Veranlassung, und den Zwecken, die mit der Aufnahme dieser Bestimmung in das Friedensinstrument verfolgt wurden, schon ein beachtenswertes Moment für die Interpretation dieser Stelle, so ergibt sich aus der Vorgeschichte des ganzen Paragraphen Gaudeant volle Klarheit über

---

[1] In der deutschen Übersetzung des Paragraphen Gaudeant bei Schmauss p. 901 ist dies folgendermaßen ausgedrückt: „Nichts soll von diesen oder dergleichen hinführo jehmals geschehen oder zugelassen werden, es sey denn mit aller Reichsstände Reichstägigem und freyen Suffragio und Beyfall geschehen."

[2] Vgl. Medit. ad Instr. Pacis Caesareo-Suecicum Specimen VII p. 899 Note h; es heißt dort: „id quidem facile suspicor, occasionem legi praebuisse praeteritorum temporum memoriam, cum . . . de munimentis intra Statuum territoria seu novis exstruendis seu firmandis veteribus Caesar Ferdinandus suo arbitratu statueret nomenque publicum consiliis suis et rationibus praetenderet, nemine mutire auso, nisi confestim iram Principis et petulantiam militum in se suosque experiri mallet. . . . Postquam satis est certatum animique ad pacem utrimque inclinarunt, post causam religionis maxima cura fuit reipublicae constituendae, ut deinceps certius constaret, quae Caesaris in administratione rerum sint partes: quae item Statuum; valde enim haec in incerto huc usque fluctuabant, et perpetua erant certamina, cum Caesar nimirum sibi sumebat: Status se negligi et postponi querebantur. Inter alia disceptatum etiam de munitionibus fuit, quae intra Statuum territoria sunt, quid fieri iis nomine publico conveniat."

die Tragweite der Bestimmung. Nur über Reichsgeschäfte sollten im Westfälischen Friedensinstrument Regeln aufgestellt werden, eine Regelung der kaiserlichen Geschäfte ist darin nicht beabsichtigt; alle Rechte und Geschäfte, für die der Kaiser vor dem Jahre 1648 allein zuständig war, die aber im Westfälischen Friedensinstrument nicht als Reichsgeschäfte geregelt wurden, waren hiernach als kaiserliche Reservate zu betrachten. Im Paragraphen Gaudeant werden die Reichstagsgeschäfte katalogisiert; ursprünglich sollten nach der Absicht der Reichsstände und auswärtigen Mächte an dieser Stelle die kaiserlichen Reservatrechte aufgezählt werden und alle hier nicht aufgeführten Hoheitsrechte als Komitialrechte betrachtet werden; die kaiserlichen Vertreter lehnten die Aufstellung eines derartigen Verzeichnisses jedoch ab und erklärten: die kaiserliche Gewalt sei allgemein und erstrecke sich auf alles, was nicht durch Verträge oder Gesetze restringiert sei; darauf wurden die Komitialrechte nunmehr in dem Paragraphen katalogisiert, und dem Kaiser verblieben alle die Geschäfte als Reservatrechte, die nicht in dem Paragraphen Gaudeant aufgezählt wurden;[1] demgemäß ist die Stelle restriktiv zu interpretieren und nicht extensiv, wie dies unter dem Einfluß der im vorhergehenden Paragraphen dargestellten Doktrinen schon im siebzehnten Jahrhundert[2] und unter dem Ein-

[1] Vgl. Häberlin, Handbuch des Teutschen Staatsrechts I[2] p. 419ff. 422 und die dort angeführte Literatur; Moser, Kayserliche Regierungsrechte und Pflichten (1772) p. 76; Schoen, Das kaiserliche Standeserhöhungsrecht usw., Berlin 1905, p. 5 bis 7; A. A. Anschütz, Der Fall Friesenhausen 1904 p. 89ff.; dieser nimmt an, dem Kaiser stünden nur die Rechte zu, die ihm reichsgesetzlich zuerkannt werden oder, wie er später sagt, die ihm durch Gesetz und Herkommen des Reichs ausdrücklich zuerkannt werden.

[2] Vgl. z. B. Thomasius, Jus Dand. Civ. § 37; Myler pars II c. 77 no. 3 p. 687; Hertius § 19 p. 230; u. a. m. Diese Autoren wollen in der Stelle eine Anerkennung der Befestigungshoheit der Stände in allen diesbezüglichen Angelegenheiten erblicken; Stryk VIII, 6 § 13 p. 94 bezeichnet die in den in § 3 Note 1 p. 35 angeführten Wahlkapitulationen von 1658 u. 1690 enthaltenen, die Rechte der Landesherren in territorialen Befestigungsangelegenheiten bedeutend erweiternden kaiserlichen Verzichte als Wiederholungen des Paragraphen Gaudeant. — Dagegen wird die richtige Ansicht vielfach vertreten; vgl. z. B. Obs. III, 8 § 6 p. 162; Henniges, De Summa Imp. Rom. Pot. c. 17 § 2 p. 561; Med. ad Instr. Pac. Caes.-Suec. Spec. 7 Note h p. 899; Schweder, P.sp. sect. I c. 29 no. 13 § 2 p. 657.

druck der Bestimmungen der späteren Wahlkapitulationen noch in den folgenden Jahrhunderten[1] geschehen ist.

Der Paragraph Gaudeant läßt die Frage, ob den Landesherren in ihren Gebieten Befestigungshoheit zusteht, unberührt,[2] nur über die Anlage neuer Reichsfestungen und die Besetzung vorhandener Befestigungen zu Reichszwecken trifft er Bestimmungen, indem er das Legislatorium und die Entscheidung über diese Fragen Kaiser und Reich gemeinsam zuweist. In diesen beiden Geschäften werden demgemäß die bisherige absolute Befestigungshoheit des Kaisers beseitigt und die Reichsstände in ihrer Gesamtheit, aber nicht als einzelne Landesherren, und nur soweit es sich um das Reichsfestungswesen handelt, nicht in territorialen Befestigungsangelegenheiten, an der neugeschaffenen Reichsbefestigungshoheit comitialiter beteiligt. Dem Kaiser verbleibt die Befestigungshoheit in allen den Angelegenheiten, in denen er bisher nach Gesetz und Herkommen zuständig war; im Zweifel spricht bei dem exzeptionellen Charakter des Paragraphen Gaudeant eine Vermutung für die kaiserliche Befestigungshoheit. Die Komitialgerechtsame ist sonach nur für einen nach Umfang und, wie die Geschichte der folgenden Jahrzehnte ergibt, auch nach Bedeutung sehr kleinen Kreis von Angelegenheiten statuiert: ihr Schwergewicht liegt zweifelsohne auf finanzhoheitlichem Gebiet, dem in organischer Weiterentwickelung der Gesetzgebung der voraufgegangenen Jahrhunderte hier ein Teil der nunmehr als annexum Juris bellici konstruierten Befestigungshoheit untergeordnet wird.

II. Nach der durch den Paragraphen Gaudeant geschaffenen Rechtslage steht den Landesherren über die in ihren Territorien bereits vorhandenen Befestigungen, soweit sie im Eigentum der Landesherren stehen, ein Hoheitsrecht zu; nur mit ihrer Zustimmung kann von Reichswegen über dieselben verfügt werden; andererseits

---

[1] Vgl. z. B. Crellius c. 8 p. 31f.; de Selchow I P.sp. § 319 p. 324; Leist, Staatsrecht p. 704 § 243.

[2] A. A. z. B. die in Note 2 p. 56 Angeführten: Thomasius, Myler, Hertius u. a. m. — Für unsere Ansicht spricht vor allem die in § 3 I ausführlich dargestellte, weitere historische Entwickelung der landesherrlichen Befestigungshoheit, die die in späterer Zeit vorgebrachten, noch unerfüllten Wünsche der Landesherren nicht hätte zeitigen können, wenn dieselben schon im J.P.O. erfüllt gewesen wären; vgl. insbesondere § 3 Note 2 p. 35 u. Note 4 p. 36.

haben aber die Landesherren auch die Verpflichtung, für die Verteidigung dieser Befestigungen zu sorgen. Nach älterem Recht,[1] von dem an anderer Stelle noch ausführlich zu handeln sein wird, mußten sie, wie jeder andere Besitzer von Befestigungen, für den Bau und die Unterhaltung selbst aufkommen; bei den hohen Anforderungen, die die Befestigungstechnik an derartige Anlagen zu Beginn der Neuzeit stellte, überstieg dies jedoch allmählich die finanzielle Macht und Kraft der Landesherren, andererseits war der Landesherr in finanzieller Beziehung von seinen Landständen nicht unabhängig. Der § 180 des Reichsabschieds vom Jahre 1654 verpflichtete daher jeden Reichsstands Landsassen und Untertanen, ihren Landesherren zur Besetzung und Erhaltung der vorhandenen nötigen Festungen und deren Garnisonen einen Beitrag zu leisten, und schuf damit eine neue Komitialgerechtsame für die in diesen Angelegenheiten zwischen Landesherren und Ständen entstehenden Differenzen.[2] Später erhobene, weitergehende Forderungen der Landesherren auf Heranziehung der Landstände zur Aufbringung der gesamten Kosten zu jedweder Art von Befestigungen stießen auf erheblichen Widerspruch bei einer Minderheit der höheren Kollegien des Reichstags und erlangten nicht die kaiserliche Sanktion.[3] Die kaiserliche Resolution erklärte vielmehr, der Regel nach könne der Untertan zu nicht mehr angehalten werden, als was 1. das Reich pro securitate publica verwilligt, 2. die Exekutionsordnung vermag und 3. die Landesdefension gegen jeden Angreifer dem Herkommen und erheischender Nothdurfft nach erfordert.[4]

---

[1] Vgl. darüber z. B. Moser, Rechtsmaterien Stück 9 no. IV § 1 p. 185 u. 186.

[2] Vgl. hierzu Moser, Rechtsmaterien Stück 5 no. III, Stück 9 no. IV, Stück 10 no. I; Struben, Nebenstunden Theil 4, insbesondere p. 458—491, woraus sich ergibt, daß es sich hier wesentlich um Finanzfragen handelt; Moser, Landeshoheit in Mil.-Sachen c. 6 p. 229 ff.; Moser, Nebenstunden Theil 5 u. 6 Abh. 22; Zachariae, Staatsrecht Bd. II § 235 p. 578 f.; Lang, Teutsche Steuerverfassungen p. 208.

[3] Vgl. zu diesen im Jahre 1670 u. 1671 stattgehabten Verhandlungen: Moser, Landeshoheit in Mil.-Sachen c. 2 § 8 p. 17 ff.; Lang l. c. p. 208.

[4] Vgl. Lang, Teutsche Steuerverfassungen p. 208; Moser, Landeshoheit in Mil.-Sachen c. 2 p. 22. — Praktische Anwendung fand die Bestimmung des J.R.N. § 180 u. a. bei einer Differenz zwischen dem Bischof von Würzburg und seinen Landständen im Jahre 1689. Am. 25. Juni 1689 beantragte nämlich der

III. Praktische Bedeutung gewinnt das Reichsfestungsrecht mit dem Erwerb der Festung Philippsburg im Nimweger Frieden; in dieser Festung hatte Frankreich seit dem Westfälischen Frieden das Schutz- und Besatzungsrecht ausgeübt, und diese Rechte trat es nunmehr an Kaiser und Reich ab. In dem bald darauf ausbrechenden Krieg nahm zwar Frankreich die Festung wieder weg; im Rybwicker Frieden wurde sie aber nebst der Festung Kehl von Kaiser und Reich wieder erworben; bezüglich Philippsburgs wurden hierbei die Gerechtsamen des Hochstifts Speier vorbehalten, d. h. das Eigentum an der Stadt und ihr Zubehör stand dem Bischof von Speier zu;[1] dagegen wurde die Festung Kehl schlechterdings an Kaiser und Reich abgetreten,[2] die es dann an Baden-Baden zu Lehen gaben.[3] Dem Reich standen an diesen Plätzen alle befestigungshoheitlichen Befugnisse zu; andererseits war es aber auch zur Besetzung und Unterhaltung der Befestigungswerke auf gemeinsame Kosten verpflichtet. Ihre vornehmsten Rechte erblickten die Reichsstände jedoch darin, daß sie in finanzieller Beziehung ohne ihre Einwilligung zu nichts verpflichtet werden konnten; Moser sagt einmal sehr treffend: „Bewilligung und Nichtbezahlung von Römermonaten war eigentlich das einzige, was man für die Befestigung der Reichsfestungen tat.“[4] Mit der Besatzung und Erhaltung von Reichs wegen sah es demgemäß „zur ewigen Schande und Spott der ganzen deutschen Nation“, wie der Kaiser einmal dem Reichstag vorhielt,

---

Bischof beim Reichstag, daß die Würzburgischen Untertanen schuldig seien, zur Fortifizierung der Stadt Würzburg zu steuern; am 7. Okt. 1689 erging ein bejahendes Reichsgutachten, und am 3. Nov. 1689 wurde ein Ratifikations-Commissionsdekret dahin erlassen, „dass die im Bisthum Würtzburg gelegenen Vestungen erfordernde Anlagen, indem gedachte Vestungen sowohl zu des allgemeinen Reichs- und Crayses- als Landes Statt-Beschützung nöthig seynd, vor solche Steuren zu halten, welche von Ihrer Kayserl. Mayest. auch Churfürsten, Fürsten und Ständen des Reichs vermög letztern Reichs-Abschieds de anno 1654 gebilligt worden und also nach Ausweiss dessen dem Herrn Bischoffen zu Würtzburg dessen Landstände, Landsassen, Unterthanen und Bürger darmit gehorsamst an Hand zu gehen schuldig sein“; vgl. Londorp, Acta. Publ. t. 16 p. 502ff. und Moser, Rechtsmaterien Stück 11 no. I p. 484, 491f.

[1] Vgl. Moser, Reichstagsgeschäfte Buch 7 c. 6 § 2 p. 661; Häberlin, Staatsrecht III p. 260.

[2] Vgl. Moser, Reichstagsgeschäfte l. c.; Häberlin, Staatsrecht III p. 259.

[3] Vgl. Moser, Reichstagsgeschäfte Buch 7 c. 6 § 45 p. 688.

[4] Vgl. Moser, Reichstagsgeschäfte 7 c. 6 §§ 11—33.

„erbärmlich“ aus.[1] Selbstverständlich vergönnte man dem Kaiser in diesen Komitialangelegenheiten kein Dispositionsrecht; ja man nahm sogar recht überflüssigerweise in die Wahlkapitulation Karls VII.[2] folgende Bestimmung auf: „Dagegen wollen Wir Unserm eigenen (d. h. erbländischen) Kriegs-Rath und Generalität nicht gestatten, wider die Reichs- und Kraiß-Verfassungen eigenen Gefallens über die Reichs-Vestungen zu disponieren.“ Am 13. August 1753 beschloß man schließlich, daß alle Ausbesserungen zu Philippsburg, so einen Kostenaufwand erforderten, jederzeit bis auf erhaltene Reichseinwilligung unterbleiben sollten;[3] im Oktober 1754 zog der Schwäbische Kreis seine Besatzungstruppen von Kehl zurück und der Markgraf von Baden besetzte den Platz mit seinem Kreiskontingent,[4] da das Reich die Festung derelinquiert hatte. Im Juli 1778 richtete der Bischof von Speier ein Schreiben an die Reichsversammlung, in dem er behauptete, daß mit Rücksicht auf den verfallenen Zustand der Befestigungen von Philippsburg das Besatzungsrecht des Kaisers und Reichs aufhöre und der Platz selbst demgemäß an das Hochstift jure postliminii frei und ohne weitere Beschwernis wieder zurücktrete, in dem nämlichen Stand, worin er sich schon vor dem Westfälischen Frieden befunden hatte.[5] Ein langer Schriftenwechsel war die Folge dieses Antrags, aber das Reich verzichtete nicht auf seine Rechte und Philippsburg blieb mit dieser servitus juris publici belastet. Wohl mit Rücksicht auf diese Angelegenheit nahm man dann in die Wahlkapitulation Leopolds II. folgende Bestimmung auf: „Dagegen wollen Wir auch dort, wo einmal eine Festung von Reichs wegen besetzt und mit einem ständigen Gouvernement versehen war, solche unter keinerlei Vorwand ohne Einwilligung der Kurfürsten, Fürsten und Stände räumen oder eingehen lassen, noch

---

[1] Vgl. Zachariae, StaatsR. Bd. II p. 578. — In diesen Tatsachen liegt auch die historische Berechtigung für unsere Behauptung, daß das Schwergewicht der diesbezüglichen Bestimmung des Paragraphen Gaudeant auf finanzhoheitlichem Gebiet zu suchen sei.

[2] Vgl. die Stelle bei Moser, Teutsches StaatsR. Theil VI p. 378 § 8 = Wahlkapitulation Karl VII. art. 4 § 4. — Das gerade Gegenteil war noch im § 57 des Reichsabschieds von Regensburg (1641) bestimmt worden, vgl. N.S. Theil III p. 561.

[3] Vgl. Moser, Reichstagsgeschäfte 7 c. 6 § 34; Häberlin, StaatsR. III p. 262.

[4] Vgl. Moser l. c. § 35; Häberlin l. c.

[5] Vgl. Häberlin, StaatsR. III p. 268.

weniger aber zugeben, daß die sonstigen Grundeigentümer sich eigenmächtig in den Besitz der Festungswerke setzen oder solche gar demolieren."[1] Eine praktische Bedeutung hatte dies jedoch nicht, vielmehr wurden die Festungen Philippsburg und Kehl im Kriege mit Frankreich demoliert und mußten auf Grund des Luneviller Friedens in diesem Zustande verbleiben.[2] Am Ende des Reichs waren keine Reichsfestungen mehr vorhanden.

IV. Die Geschichte des Reichsfestungswesens gehört nicht nur zu den traurigsten Erscheinungen des deutschen Befestigungsrechts, sondern sie ist auch als eines der schmachvollsten Blätter der deutschen Verfassungsgeschichte zu betrachten. Der von einem unhistorischen, naturrechtlichen Doktrinarismus unterstützte und genährte Macht- und Geldhunger der deutschen Territorialgewalten zeigte sich, abgesehen von den auf dem Markboden in vielhundertjähriger Entwickelung organisch herangereiften Staatsgewalten, unfähig hier, wie auch auf manchen andern Gebieten des Verfassungslebens, einen vollwertigen Ersatz für die Dezentralisation und Zerstörung der monarchischen Reichsgewalt auf der Grundlage seiner sprunghaft erlangten, fast souveränen Machtbefugnisse und Komitialgerechtsamen zu schaffen. So ist denn auch das Reichsfestungsrecht aus dem embryonalen Stadium der Restriktion und Negation der kaiserlichen Befestigungshoheit während des Bestehens des alten Reiches nie herausgekommen und hat demgemäß positive Erfolge im Interesse des Reichs oder auch nur einzelner Stände nicht gezeitigt.

§ 5.

Der Markgraf.

I. Eine ganz anders geartete Entwickelung nimmt die Befestigungshoheit auf dem Markboden, wo aus militärischen Kolonisationen die bedeutendsten deutschen Staatswesen, Brandenburg-

---

[1] Wahlkapitulation Leopolds II. (1790 Sept. 30).

[2] Der Lüneviller Frieden (1801 Febr. 9) beließ in seinem Artikel 6 diese Plätze dem Reich „sous la condition expresse, que ces places et forts continueront à rester dans l'état où ils se trouveront lors de l'évacuation". Beim Abzug sprengten die Franzosen die Befestigungen. — Eine ähnliche Bestimmung war schon bezüglich Neubreisachs im Ryßwicker Frieden (1697 Okt. 30) art. 20, bei Schmauss p. 1277 getroffen worden.

Preußen, Österreich und Sachsen, erwachsen sind. Weitgehende Befugnisse zeichnen die Markgrafen besonders auf dem Gebiete des Heerbannes i. w. S. von jeher vor den übrigen deutschen Territorialherren aus, und dem Heerbann wird schon seit den Zeiten König Heinrichs I. das Befestigungsrecht in den Marken untergeordnet. Aus der verfassungsrechtlichen Sonderstellung der Markgrafen und aus der systematischen Sonderstellung des Befestigungsrechts in den Marken erklären sich großenteils die Unterschiede in der Entwickelung des Befestigungsrechts im alten Siedelungsgebiet und auf dem Markboden.[1] Hierbei treten auch in den Verfassungsverhältnissen der einzelnen Marken tiefgreifende Verschiedenheiten hervor; sie alle zu berücksichtigen verbietet der Raum und der Zweck dieser Arbeit; zur Illustration der Behauptung, daß Besonderheiten im Befestigungshoheitsrecht der Markgrafschaften hervortreten, dürfte aber auch eine Bezugnahme auf brandenburgische Verhältnisse ausreichen.

II. Dem Markgrafen steht die absolute Verfügungsmacht über Grund und Boden zu, den er entweder nach Lehenrecht oder nach Zinsrecht verleiht, so daß aller Grundbesitz in privatrechtlicher Abhängigkeit von dem Markgrafen als Obereigentümer bleibt.[2] Hieraus würde sich zwar erklären, daß zu Befestigungsbauten die im alten Siedelungsgebiet notwendige Erlaubnis des Bodeneigentümers in der Zeit des markgräflichen Absolutismus, also bis zum Ende des dreizehnten Jahrhunderts nicht notwendig war; für die absolute Befestigungshoheit der Markgrafen, die sich in allen den Funktionen äußerte, die wir oben[3] als dem Kaiser allein zustehende Rechte kennen lernten, kann aber in dieser Tatsache ein Grund nicht gefunden werden, da weder im alten Siedelungsgebiet noch in den Marken ein freies Befestigungsrecht des Bodeneigentümers bestand;

---

[1] Eine erschöpfende Darstellung der Entwickelung des Befestigungshoheitsrechts in den Marken kann hier ebensowenig gegeben werden, wie in den späteren Teilen der Arbeit das gesamte Befestigungsrecht in den Marken Gegenstand der Darstellung sein kann; vielmehr ist hier wie dort nur eine skizzenhafte Hervorhebung der wichtigsten Unterschiede der einschlägigen Rechts- und Verfassungsverhältnisse beabsichtigt, während eine ausführliche Darstellung des gesamten Befestigungsrechts in den Markgrafschaften einer besonderen Monographie vorzubehalten ist.

[2] Vgl. Bornhak, Preußische Staats- und Rechtsgeschichte p. 2 u. 4.

[3] Vgl. oben § 2 II u. III.

dies Recht war vielmehr hier wie dort ein der freien Ausübung durch den Bodeneigentümer entzogenes Hoheitsrecht, das den Markgrafen kraft weitgehendster Vollmachten seinem Vollinhalt nach zur Ausübung zustand, ohne daß sie in wichtigeren Fällen königliche Instruktion einholen mußten oder, wie die Grafen, ausgeschaltet waren.[1]

III. Der Markgraf war vor allem der oberste, militärische Befehlshaber in der Mark, die, um ihren Zwecken zu entsprechen, die Gestalt eines offenen Feldlagers annehmen mußte; die Altmark war schon seit der Zeit König Heinrichs I. mit zahlreichen Burgen, kleinen Ritter- und Schutzlehen ausgestattet, deren Leistungen der Landesverteidigung dienten; über die einzelnen Burgen, denen die umliegenden Dörfer zugeteilt waren, hatten markgräfliche Beamte den Oberbefehl und die Verwaltung.[2] Aus der Altmark wurde diese Verfassung auf die übrigen Landesteile übertragen, die die Markgrafen im Osten eroberten. Schon aus dieser Struktur der Landes-

---

[1] Schröder, Deutsche R.G.[5] (1907) p. 580 sagt bezüglich der Gerichtsorganisation in den Marken, daß wir sie nur aus Quellen, die bereits einer jüngeren Entwickelungsstufe angehören, kennen; der ursprüngliche Zustand lasse sich aber nur im Wege der Kombination in den Grundzügen feststellen. Dasselbe gilt in erhöhtem Maße, wie von vielen anderen Gebieten des Verfassungsrechts, so auch vom Befestigungsrecht. Freilich ist man hier nicht immer mit der gebotenen Vorsicht zu Werke gegangen; wie es sich einerseits nicht empfiehlt, von den dem Grafenamt gezogenen Schranken auf Beschränkungen der Markgrafen zu schließen, so erscheint es andererseits unzulässig Befugnisse, die sich urkundlich nur bei den Markgrafen finden, den Landesherren in ihrer Gesamtheit zu imputieren, wie dies neuerdings z. B. Schrader, Bef.R. p. 41 bezüglich des Burgwerks getan hat. Es dürfte vielmehr den Verfassungsverhältnissen mehr entsprechen, wenn man schon parallelisieren will, Markgrafschaft und Reich zu vergleichen; ein Gedanke, den Bornhak, Preußische Staats- und Rechtsgeschichte p. 13, einmal dahin formuliert hat: „Das markgräfliche Territorium bietet einen Mikrokosmus des Reiches."

[2] Vgl. hierzu Riedel, Märkische Forschungen Bd. I p. 268; eine ähnliche Organisation findet sich in den obersächsischen Marken, vgl. darüber Schröder D.R.G.[5] p. 518. — Über den neusten Stand der Lehre von der Burgwardenverfassung vgl. Schrader, Bef.Recht p. 20—29. Mit wenig überzeugenden Gründen hat Bornhak l. c. p. 6, der die beiden ganz verschiedenen Arten von Burggrafen begrifflich vermengt, ausgeführt: „Von einer allgemeinen Burggrafen(!)verfassung, von der man bisweilen geträumt hat, und die, der slavischen(!) Kastellaneiverfassung entsprechend der späteren Vogteiverfassung vorangegangen sein soll, kann nicht die Rede sein."

verfassung, die mit der Landesverteidigung durch Burgen aufs engste verknüpft ist, ergibt sich die eminente Bedeutung der Burgen für die Mark; Burgenbau und Landesorganisation waren hier untrennbar verbunden. Damit steht in unlöslichem Zusammenhang die Tatsache, daß der Markgraf über die Errichtung und Zerstörung von Burgen in der Mark in souveräner Machtvollkommenheit entscheidet; einzelne befestigungshoheitliche Befugnisse delegierte er amtsrechtlich den Burggrafen und Vögten bzw. nach dem Verschwinden der Burg- und Vizegrafschaften zu Beginn des dreizehnten Jahrhunderts den Vögten allein; in den alten mit der Mark verbundenen Grafschaften bestand zwar in dieser Zeit noch die gewöhnliche ostfälische Grafschaftsverfassung des Sachsenspiegels, allmählich wird aber auch hier bei der Schwäche der königlichen Gewalt die Grafschaftsverfassung vernichtet und an ihrer Stelle die Vogteiverfassung allgemein durchgeführt; damit wird das Vogteigericht zum allgemeinen Landgericht und der Vogt zum Landrichter.[1] Diesem markgräflichen Beamten stehen nun die oben[2] geschilderten „amtsgräflichen" befestigungshoheitlichen Funktionen zu;[3] allerdings findet hier wiederum eine Durchbrechung des Prinzips zugunsten der Städte statt.[4] Diese eben näher bezeichneten Funktionen werden neben den dem Markgrafen allein zustehenden befestigungshoheitlichen Funktionen auch vom Markgrafen persönlich im ganzen Markgebiet ausgeübt. Seit dem dreizehnten und vierzehnten Jahrhundert, wo die Mark allmählich den Charakter einer Militärkolonie verlor und immer mehr die Eigenschaft eines gesicherten Territoriums annahm, und demgemäß zahlreiche Städte entstanden, verloren die Burgen einen Teil ihrer früheren Bedeutung; seit dieser Zeit werden die Burgen, wie dies früher schon in beschränkter Zahl an gräfliche Familien geschehen war, auch an rittermäßige Familien zu erblichem Lehensbesitz in größerer Zahl veräußert, oder rittermäßigen Familien die markgräfliche Erlaubnis zur Errichtung solcher Burgen unter Vorbehalt

---

[1] Vgl. hierüber die sehr ansprechende Darstellung bei Bornhak l. c. p. 21 f.

[2] Vgl. § 2 V, insbesondere Note 2 p. 30 bis Note 2 p. 32.

[3] Vgl. Sa.Sp. LandR. III §§ 66—68 in Verbindung mit I, 2 § 4 und der Glosse, die auf die Mark verweist.

[4] Vgl. Bornhak l. c. p. 22; hiervon wird unten noch ausführlich zu handeln sein.

des Öffnungsrechts erteilt;[1] die Besitzer dieser Burgen bildeten den schloßgesessenen Adel,[2] dem eine Reihe von Vorrechten am kurfürstlichen Hof und in Landesangelegenheiten in den folgenden Jahrhunderten zustand. Eigenmächtig von Zaunjunkern errichtete Burgen wurden besonders in der Zeit Ludwigs des Älteren und Ludwigs des Römers gebrochen.[3] Manche Burgen wurden auch in dieser Zeit vom Markgrafen den Städten zur Abtragung überlassen, damit sie mit dem so gewonnenen Material ihre Mauern befestigen konnten.[4]

Am charakteristischsten tritt die absolute Befestigungshoheit der Markgrafen in der Tatsache hervor, daß sie Stadtbefestigungsprivilegien ohne Einholung kaiserlicher Erlaubnis erteilen konnten; in der Landesgewalt der Territorialherren des alten Siedelungsgebiets war dies Recht jedenfalls nicht enthalten, ja diese Gewalten erstreckten sich nicht einmal auf die Erteilung des Stadtrechts, als dessen höhere Potenz das Stadtbefestigungsrecht anzusprechen ist.[5] So gab der Markgraf der Stadt Prenzlau im Jahre 1287 folgendes Privileg: „Insuper burgensibus liberam et plenariam damus facultatem, quod possunt se ac civitatem Prenzlow, quandocunque eis placuerit muro firmare lapideo et munire sine impedimento et molestia alicuius."[6] Der Stadt Brietzen erlaubten die Markgrafen

[1] Vgl. die Urkunden bei Gercken, Gründl. Beweis p. 10, 11 u. 13.

[2] Seit dem letzten Drittel des vierzehnten Jahrhunderts findet sich in Urkunden die Unterscheidung in „beslosste" und „unbeslosste" Ritterschaft. Besondere Matrikeln des schloßgesessenen Adels besitzen wir aus den Jahren 1373, 1444, 1577 u. 1612.

[3] Nach Waldemars Tod hat dieser unerlaubte Burgenbau vielfach stattgefunden und den Städten vielen Schaden zugefügt; in zahlreichen Urkunden sicherten die Markgrafen den Städten die Zerstörung dieser „Raubhäusser" zu. Vgl. z. B. U. für Stendal (1324) in Gercken, Cod. Dipl. Brand. T III p. 318. — U. für Salzwedel (1343) bei Lenz, Brand. Urk. p. 252. — U. für Pritzwalk (1351) bei Lenz, Brand. Urk. p. 293. — U. für Stendal (1360) bei Lenz, Brand. Urk. p. 333. — U. Otto v. Braunschweig für Stendal (1324) bei Lenz, Hist. Sammlung p. 380; u. a. m.

[4] Vgl. z. B. U. für Rathenow (1296) bei Riedel, Mark Brdbg. II p. 315.

[5] Eine Auseinandersetzung mit den zahlreichen in dieser Materie herrschenden Kontroversen wird an anderer Stelle gegeben, für die auch die urkundliche Belegung der hier aufgestellten Behauptungen vorbehalten bleibt.

[6] U. für Prenzlau (1287) bei Buchholtz, Gesch. der Churm. Brdbg. Theil IV p. 120; vgl. dazu Riedel, Mark Brdbg. II p. 315. — Über ein älteres

Otto und Konrad im Jahre 1296 steinerne Befestigungsmauern aufzuführen und erließen ihr zu diesem Zwecke die Abgaben auf die Dauer von zehn Jahren.[1] Der Stadt Prenzlau verlieh der Markgraf im Jahre 1324 ein Meilenrechtsprivileg, in dem er ihr gleichzeitig das Zerstörungsrecht bei Verletzung desselben erteilte und sich selbst und seine Erben vertraglich verpflichtete, dieses Privileg zu respektieren.[2] Ein ähnliches Privileg hat auch für Salzwedel bestanden, wie sich aus mehreren Urkunden ergibt, die uns über die Geltendmachung diesbezüglicher Rechte der Stadt gegenüber der Anlage von Burgen in ihrer Nähe erhalten sind.[3] Diese stadtbefestigungsrechtlichen Funktionen scheinen, wie sie im Reich dem Kaiser ausschließlich zustanden, in den Marken ausschließlich von den Markgrafen ausgeübt worden zu sein, wenigstens sind in dem uns bekannten Urkunden Momente, die auf eine Delegation dieser Befugnisse an die markgräflichen Beamten schließen ließen, nicht vorhanden.

IV. Diese kurzen Ausführungen zeigen schon, daß die Rechte die die Landesherren innerhalb des alten Siedelungsgebiets im

---

Befestigungsprivileg für Prenzlau vom Jahre 1235 berichtet Kantzows Pomerania ed. Kosegarten Theil I Bd. VI p. 323, abgedruckt bei Riedel, Mark Brdbg. II p. 315.

[1] U. für Brietzen bei Buchholtz, Gesch. der Churm. Brdbg. Theil IV Urk. p. 131; Gerckens, Fragm. March. Theil I p. 37, vgl. dazu Riedel, Mark Brdbg. II p. 315.

[2] U. für Prenzlau (1324) bei Grundmann, Ukermärk. Adels Histor. p. 29; es heißt da: „quod nos nostri heredes successores, nostri officiales neque alii quicumque in nostra terra Ukere novum castrum nec aliquod edificium, quod teutonice Borgfrede dicitur, edificare debent in distantia trium milliarium a nostra civitate Primslau, nisi cum nostrorum Consulum dicte civitatis nostre fecerint bene placito et voluntate. Si autem quis contrarium fecerit in dicta terra nostra Ukere, ex tunc dictis nostris consulibus et universis burgensibus plenam nostram ipsis attribuimus voluntatem, quotiens debent et possunt ex nostra appropriatione(!) illa ligna illorum edificiorum et singula, cum quibus edificatur, frangere comburere deportare et cum his facere, quod eorum libet voluntati.“ Schon im Jahre 1331 machte die Stadt gegen die Herren de Benz zu Hindenburg Gebrauch von diesem Privileg; vgl. die Urkunde bei Gercken, Gründl. Beweis p. 15 Appendix I.

[3] Vgl. die Urkunden betr. Salzwedel./Gebhard v. Bodendick (1430, 1457) bei Gercken, Vermischte Abhandlungen Theil II no. 1; Appendix II p. 17ff., sowie die Urk. betr. Ludolf v. Knesebeck zu Langen-Apeldorn (1443, 1443, 1469) bei Gercken, Vermischte Abhandlungen l. c. p. 14 u. 41f.

Jahre 1711 erlangten, in den Marken von jeher nicht nur tatsächlich, sondern auch rechtlich als ein integrierender Bestandteil der Landesgewalt anzusehen waren. In diesem Vorrecht der Markgrafen dürfte aber auch eine der Hauptwurzeln für die frühzeitige Verselbständigung der Markgrafschaft und für das rasche Heranreifen der Landesgewalt zur vollen Staatsgewalt zu finden sein.

Zweites Kapitel.

Das Recht der Befestigung.

§ 6.

Der Erwerb des Befestigungsrechts.

I. Im Charakter des Hoheitsrechts liegt es begründet, daß die Errichtung und der Erwerb von Befestigungsbauten an die Erlaubnis des Inhabers der Befestigungshoheit geknüpft ist. Wie schon oben[1] festgestellt, unterliegen der Konzessionspflicht nur diejenigen Befestigungsbauten, die von kriegstechnischer Bedeutung sind, während alle übrigen Bauten einer derartigen Erlaubnis nicht bedürfen. Im dreizehnten Jahrhundert finden sich in den Rechtsbüchern Normen für die Abgrenzung dieser beiden Gruppen, der Befestigungen im engeren und im weiteren Sinne, die auch im wesentlichen noch in den folgenden Jahrhunderten in Geltung blieben.

Der Sachsenspiegel[2] stellt folgende Norm auf: „Ane sin“ (scil. des landes richteres) „urloub muz man wol graben als tief, als ein man mit eime spaten uf gewerfen mag die erde, so daz her niecheine schemele en mache. Man muz ouch buwen ane sin urloub mit holze oder mit steine drier dele hoch uber ein ander, eine binnen der erden, die anderen zwu obe der erden, deste man eine tur habe in deme nideren gademe ober der erden eines knies ho. Man muz ouch wol vestenen einen hof mit zunen oder mit stecken oder muren

---

[1] Vgl. oben § 1 p. 8 u. p. 10.
[2] Sa.Sp. LandR. III, 66 § 3.

also ho, als man gereichen mac uf eime orse siczende; zinnen unde brustwere en sal nicht an sin".

Ähnliche Bestimmungen enthält das Österreichische Landesrecht;[1] es heißt dort: „So ensol auch niemant dhain haus noch dhain purg pawen an des landesherren gunst und an sein urlaub. Er mag aber wol auf sein aigen auf ebner erd pawen, was er wil, das zwair gaden hoch ist, an umbgeund wer und an zinnen, und ain graben darumb newn schüch weit und siben schüch tief und nicht mer, im erlaub es dann der landesherre".

Das auf dem Sachsenspiegel fußende Görlitzer Landrecht[2] formuliert diese Bestimmungen folgendermaßen: „Ein ieglich man mûz wol sundir sinis richteris orloup einen turn buwin von drin gadimen, daz ie daz eine uf dem andern si, so daz diz nidirste in der erdin si, unde der turn ne sol ne heine brustwere habin. Des turnis tûre ne sol ouch von der erdin nicht verre sin dan drier vûze ho, unde(er) mûz wol einin grabin al umme den turn grabin also tief, daz ein man die erdin mit eime spatin sundir helfe dar uz gewerfin mûge, unde er mûz ouch wol uf den grabin einen ziûn machin, der (ne) heine were ne habe".

Der sogen. Schwabenspiegel stellt in ziemlich enger Anlehnung an den Sachsenspiegel folgende Regeln auf:[3] „Ohn des Landrichters Urlaub mag man in die Erde graben als tieff ein Mann mit einer Schauffel uffgewerffen mag uff das Erdtreich, also dass er keinen Schemel mache. Man mag wohl bauen dryer Gaden hoch ohn sein Urlaub mit Holtz oder mit Steinen ob der Erden ohn Zinnen und ohn Brustwere und ohn Arge [W. arkere] und ohn alle Werre. Man mag auch einen Hof ohn sein Urlaub an ebener Erde umbfahen mit einer Maur, die also hoch ist, so ein Mann sitzet uff einem Ross, dass er wol zu öberst darangereichen müg mit der Hand, ohn Zinnen und ohn Brustwere, und ohn aller schlecht Vestung. In derselben Weis mag ein Mann seinen Hof mit Holtz umbmachen".[4]

---

[1] Österreichisches Landesrecht (1236/7) c. 58 bei A.-B. no. 133 p. 301.

[2] Goerlitzer Landrecht c. 47 § 25.

[3] Schwa.Sp. LandR. Goldast c. 234 p. 80, Wackernagel c. 123 p. 118, Lassberg c. 143b p. 68.

[4] Diese Quellenstellen, die trotz der in Einzelheiten vorhandenen Verschiedenheiten, doch mit aller Deutlichkeit das gemeinsame Prinzip erkennen lassen, ließen sich leicht noch vermehren; unserem Zwecke, des Nachweises

Alle Gebäude und Baulichkeiten, die über das in diesen Normen angegebene Maß hinausgingen, bedurften der Konzession durch den Inhaber des Hoheitsrechts; dagegen waren alle Bauten, die sich innerhalb dieser Grenzen hielten, erlaubt; ja nach manchen Rechten scheinen sogar die Bewohner zu mäßigen Schutzbauten verpflichtet gewesen zu sein,[1] während es nach anderen ihnen zum mindesten freistand.[2] In allen diesen Quellenstellen handelt es sich aber nur um den Bau dauerhafter Wohnhäuser und mäßiger Schutzbauten gegen Viehschaden, Belästigung durch wilde Tiere oder fremdes fahrendes Volk, niemals aber um Bauwerke, die einer kriegstechnischen Verwendung hätten dienen können oder auch nur dem ersten Ansturm des Kriegsvolks Widerstand zu leisten geeignet gewesen wären.

Im Rezeptionszeitalter und zu Beginn der Neuzeit besteht zwar noch der in den angeführten Quellen geschilderte Rechtszustand, aber das Bewußtsein, daß er im deutschen Rechte begründet sei, schwand mehr und mehr; es ist wohl kein Zufall, daß man in den

---

eines gemeindeutschen Grundsatzes, wird die angeführte Auswahl jedoch genügen. Urkundliche Belege für die Anwendung dieser Regeln scheinen ziemlich selten zu sein; der Inhalt einer einzigen diesbezüglichen Urkunde, deren Wortlaut mir leider nicht zugänglich war, wird mehrfach referiert; nach den gelegentlichen Notizen bei Christian Friedr. Sattler, Historische Beschreibung des Herzogthums Würtemberg, Stuttgart und Eßlingen 1752, Theil II c. 25 § 11 p. 15, bei Gercken, Vermischte Abhandlungen II p. 5 und bei Mone, Kriegswesen, p. 47 erlaubte der Pfalzgraf Rudolf der Scherer v. Tübingen den Rittern Wernher und Albrecht v. Hemlingen im Jahre 1306 statt der abgebrochenen Burg Kuppingen ein zweistöckiges Haus zu bauen, den unteren Stock von Stein den oberen von Holz; jedes Stockwerk durfte elf Schuh hoch sein; zu ebener Erde sollte eine Haustüre angebracht werden; Ausladungen, Erker, Vorbauten und eine Mauer rings um das Haus wurden verboten, dagegen war ein Graben so tief und so weit, als ein Mann mit der Schaufel herauswerfen kann, gestattet. — Leider fehlt in allen drei Berichten die Wiedergabe der narratio; es lassen sich daher die historischen Zusammenhänge nicht erkennen; auffällig ist es immerhin, daß hier eine Erlaubnis zu einem Bau erteilt wird, der sich nach dem, was wir aus den Rechtsbüchern wissen, innerhalb der Grenzen der allgemeinen Baufreiheit hielt und nichts weniger als eine Festung darstellte.

[1] Vgl. Sa.Sp. LandR. II, 49 § 2: wo die Pflicht zur Umzäunung der Hofstätte vorgeschrieben ist; vgl. dazu Maurer, Fronhöfe II, p. 158 Note 39.

[2] Vgl. Prov. Landfriede (1104? 1108?) c. 1 bei A.-B. no. 96 p. 208, wo es heißt ... quas „hovestete" vulgo vocamus, sive sint septae seu nulla sepe sint circumdatae."

römischen Quellen nach einer Grundlage für diese Verhältnisse suchte und sie in der Lehre vom muralis ambitus fand;[1] im Anschluß an sie wird im siebzehnten und achtzehnten Jahrhundert fast allgemein die Anschauung vertreten, daß es Privaten zwar erlaubt ist, mäßige Schutzbauten zu errichten, nicht aber Befestigungen, die sich zum kriegsmäßigen Gebrauch eignen, zu erbauen;[2] freilich zeigten sich auch hier Übertreibungen, die auf die postglossatorische Literatur und eine kritiklose Übernahme der Lehren, die unter Berücksichtigung der tatsächlich in Italien und Frankreich bestehenden Verhältnisse aufgestellt waren, hinweisen[3] und teilweise eine vollständige Befestigungsfreiheit postulieren,[4] ohne jedoch praktische Bedeutung zu erlangen.[5]

Die Theorie lehnte zwar die Befestigungsfreiheit der subditi, die in begrifflichem Widerspruch zur postulierten landesherrlichen Omnipotenz steht, erfolgreich ab, umso energischer nahm sie dies Recht aber für die Landesherren in Anspruch. „Eminentiores et superiorem non agnoscentes pro placito in suo posse castra aedificare dubium non est", sagt Hering;[6] ähnliche Formulierungen dieser

---

[1] Vgl. l. 10 C. de aedif. priv. 8, 10.

[2] Vgl. z. B. Kyllinger, Disc. 4 § 84ff. § 123f.; Limnaeus l. 4 c. 8 no. 230 p. 249 no. 234 p. 251; Stryk II, 5, 2 § 65 p. 124; VIII, 6, 6 § 34 p. 100f.; Ziegler l. 1 c. 35 § 6ff. p. 633f.; Joh. Adam Laurentius, De Juribus Praediorum nobilium etc. Vitembergae 1732 § 13 p. 11; Berends §§ 10 u. 11; u. a. m.

[3] Vgl. Bartolus und Jason zu l. 5 D. 1, 1, die annehmen: hodie cuilibet licere in territorio suo fortalitia exstruere sine licentia superioris; hiergegen Sixtinus bei Röhrensee § 11; vgl. Boerius, Decisio aurea 320 no. 4, der von französischen Verhältnissen ausgeht, ihm folgt Tuschus, Pract. concl. I, 121 § 1 p. 385, der den universitates volle Befestigungsfreiheit einräumt und sie auch dem einzelnen Privaten zubilligt, falls er das dominium directum besitzt vgl. I, 121 § 6; gegen Boer vgl. die treffenden Ausführungen Zieglers l. 1 c. 35 § 9 p. 635, ferner Laurentius l. c.

[4] Diese Ansicht referiert Myler, P. II c. 77 no. 2 p. 686 ohne Quellenangabe und ohne sich ihr anzuschließen; er sagt da: ... jus extruendi arces et castella vel praedia vel pagos murali ambitu circumvallare, ita rescribente Imperatore ... in dict. l. per prov. 10 ibi cunctis volentibus permittatur. — Senckenberg, Selecta Jur. publ. T. III p. 570 nimmt eine Befestigungsfreiheit der Landsassen an.

[5] Diese Tatsache ist eine Folge der schroffen Formulierung der Regalienlehre und der Lehre von der absoluten Landeshoheit.

[6] Hering § 9.

Lehre finden sich im siebzehnten Jahrhundert häufig;[1] als Vorstufe der landesherrlichen Befestigungshoheit wurde schon oben[2] diese Lehre von der landesherrlichen Befestigungsfreiheit ausführlich dargestellt und gewürdigt, es kann daher hier auf die früheren Ausführungen verwiesen werden, die zu dem Ergebnis gelangten, daß eine Befestigungsfreiheit der Landesherren vor dem Jahre 1711, abgesehen von den Markgrafen[3] nicht bestand.

Befestigungsfreiheit hatten bis zu dieser Zeit rechtlich nur der Kaiser und die Markgrafen; der Kaiser besaß sie, wofern er sich nicht selbst beschränkt hatte, als in seiner absoluten Befestigungshoheit enthaltene Befugnis im ganzen Reichsgebiet bis zu dem Zeitpunkt, wo er selbst darauf verzichtete,[4] dies geschah in der Wahlkapitulation Leopolds I. vom Jahre 1658. Der Markgraf besitzt dieses Recht von alters her[5] als Amtsrecht, das mit der Zeit zu einem untrennbaren Element seiner Landesgewalt und Landeshoheit wurde; bei einem Konflikt mit der kaiserlichen Befestigungsfreiheit mußte es entsprechend seiner Natur als delegiertem Recht zurücktreten; das Vorrecht des Markgrafen bestand eben nur darin, daß er zu eigenen Befestigungsbauten einer kaiserlichen Erlaubnis nicht bedurfte.

II. Das Befestigungsrecht wird in allen anderen Fällen regelmäßig durch kaiserliche Konzession erlangt; wie schon oben[6] ausgeführt, ist dieses Recht der Verleihung des konkreten Befestigungsrechts im kaiserlichen Verordnungsbann enthalten, der hier in der Gestalt der absoluten Privilegienhoheit zutage tritt; die Erlaubnis wird in der Form des Privilegs erteilt, das sich als sogen. uneigentliches Privileg[7] charakterisiert. Derartige kaiserliche Privilegien

---

[1] Vgl. z. B. die oben § 3 Note 4 p. 46 zitierte Formulierung Kyllingers, ferner Stryk I, 24 c. 3 § 35 p. 471; VIII, 6 c. 6 § 9 p. 92; u. a. m.

[2] Vgl. oben § 3 II, 1 u. 2. p. 38f. [3] Vgl. hierüber § 5 II—IV. p. 62f.

[4] Vgl. oben § 3 Note 1 u. 2 p. 35.

[5] Vgl. oben § 5 III; für außerbrandenburgische Verhältnisse sind beispielsweise zu vergleichen: U. für Rostock (1266 nov. 1) bei Lünig, R.A t. XIV[2] p. 682 no. 3. — U. für Rostock (1278 Dec. 21) eod. loc. p. 683 no. 4. — U. für Ebenfurt (1293) bei Struben, Nebenstunden Th. 4 Abh. 23 § 12 p. 106; u. a. m.

[6] Vgl. oben § 2 II 3. p. 23f.

[7] Über diesen Begriff vgl. Friedberg, Kirchenrecht[5] Leipzig 1903 p. 277, der mit der Prägung des Ausdrucks erstmals eine scharfe Unterscheidung der

lassen sich vom Ausgang der Karolinger bis zum Jahre 1675 urkundlich nachweisen.[1] Das rechtliche Erfordernis eines derartigen Privilegs hat die bisherige Literatur, wie schon zu Beginn des Paragraphen dargelegt, bezüglich der subditi stets unumwunden zugegeben; dagegen wird es bis in die neueste Zeit trotz der vorhandenen Belege für die Reichsstände bestritten; man stützt sich dabei auf die Autorität Eichhorns, der die oben zurückgewiesene Ansicht,[2] daß es sich bei der Erteilung von Befestigungsprivilegien an Reichsstände um eine confirmatio debiti alias juris handle, in seiner deutschen Staats- und Rechtsgeschichte[3] wieder aufgenommen hat, ohne dabei zu bedenken, daß diese Lehre sich nicht auf entwickelungsgeschichtlichen Forschungen Eichhorns aufbaut, sondern vielmehr einer tendenziösen, historisch unhaltbaren Konstruktion der Publizistik des siebzehnten Jahrhunderts ihre Entstehung verdankt.[4] Schon Stamler hat dieser auf unhaltbaren Prämissen aufgebauten Konstruktion mit Recht entgegengehalten: committi fallaciam petitionis principii, cum illud ipsum in quaestione esse videatur, anne Statibus Imperii hoc jus exstruendi fortalitia debitum jam sit.[5] Wären die Landesherren schon in der ersten Hälfte des dreizehnten Jahrhunderts von diesem Erfordernis der Nachsuchung kaiserlicher Erlaubnis für ihre Befestigungsbauten befreit gewesen, dann wäre es nicht erklärlich, daß im dreizehnten und vierzehnten Jahrhundert unzählige Befestigungsprivilegien von Kurfürsten und anderen Ständen nachgesucht und vom Kaiser in einer Form erteilt wurden, die auf alles andere als ein jus debitum hinweist; noch unerklärlicher wäre aber die Nachsuchung derartiger Privilegien im siebzehnten Jahrhundert.[6]

---

in dem herkömmlichen Privilegienbegriff vermengten beiden Kategorien von Privilegien verbindet und dadurch der Erkenntnis der Privilegienlehre neue Bahnen gewiesen hat.

[1] Zur Vermeidung unnötiger Aufzählungen sei hier beispielsweise auf die § 2 Note 2 p. 17 zitierten Urkunden, denen leicht unzählige andere hinzugefügt werden könnten, verwiesen.

[2] Vgl. oben § 3 Note 6 p. 53.

[3] Vgl. Eichhorn l. c. II[5] p. 454 § 305 Note a.

[4] Schrader, Bef.R. p. 116 referiert diese Auffassung und stimmt ihr ohne ein Wort der Kritik zu, wie sich aus den weiteren Ausführungen p. 122f ergibt.

[5] Vgl. Stamler § 64 p. 326 i. f.

[6] Vgl. die § 3 Note 8 p. 37 zitierten Urkunden.

Mit diesem Irrtum geht ein anderer Hand in Hand; man betrachtet die kaiserliche Konzession als „eine Bestätigung, die dem Erbauer erwünscht war, weil sie sein Recht stärkte“,[1] man mißt ihr also nach Art des modernen Baukonsenses deklaratorische Wirkung bei. Die oben[2] zitierten urkundlichen Belege lassen nicht nur keinen Unterschied in der Form der Erlaubniserteilung an Fürsten, Herren und Städte, bei Burg- und Stadtbefestigung,[3] erkennen, sondern sie zeigen auch ganz deutlich, daß in ihnen nicht bloß die Polizeimäßigkeit[4] der projektierten Befestigungsanlage anerkannt wird; vielmehr kommt in ihnen zum Ausdruck, daß durch sie das Recht der Befestigung in concreto von dem Inhaber der Befestigungshoheit dem so Privilegierten unter dem stillschweigenden oder ausdrücklichen Vorbehalt öffentlich-rechtlicher Beschränkungen[5] gnadenweise verliehen wird; die kaiserliche Erlaubnis schafft also ein neues publizistisches Rechtsverhältnis, dem Privileg kommt konstitutive Wirkung zu.[6]

Die Befestigungskonzession ist in einer Reihe von Fällen qualifiziert:

a) Die Ganerbenhäuser bedurften, abgesehen von ihrer Eigenschaft als Befestigungen, besonderer Erlaubnis, da ihre Bewohner unter sich durch Burgfrieden sich verbündeten; in der Regel war mit dem Ganerbiat auch eine iurisdictio verbunden, die ebenfalls

---

[1] So Schrader p. 116, der diese Auffassung für einfache Befestigungsanlagen d. h. Burgen unbedingt vertritt.

[2] Vgl. § 2 Note 2 p. 17.

[3] Eine Auseinandersetzung mit den verschiedenen Ansichten über die Lehre vom Stadtbefestigungsrecht wird an anderer Stelle im Zusammenhang gegeben, wie schon oben § 5 Note 5 p. 65 beiläufig bemerkt wurde; eine Entwickelung meiner Auffassung an dieser Stelle erscheint untunlich, weil sie durch den durch den Stand der heutigen Kontroversen gebotenen Umfang den systematischen Zusammenhang störte.

[4] Mit der deklaratorischen Natur der Befestigungsprivilegien lassen sich schlechterdings die Generalkonzessionen des Befestigungsrechts, wie sie beispielsweise in einer U. für das Bistum Speier (Nürnberg 1422 Sept. 3), bei Londorp t. I l. 2 c. 18 Beilage B. p. 397, und in einer U. für den Grafen Königseck (1675), bei Moser, Teutsches Staatsrecht Theil V p. 371 § 5, vorkommen, nicht in Einklang bringen, während sie sich als konstitutive Akte sehr leicht erklären lassen.

[5] Hiervon wird unten noch zu handeln sein.

[6] Ähnlich schon Stryk I, 24, 2 § 34 p. 469.

der Verleihung bedurfte;[1] diese zwei bzw. drei Befugnisse waren in der Bestätigung des Ganerbenvertrages, der auch noch andere Privilegien[2] in sich aufnehmen konnte, mit enthalten.

b) Das Stadtbefestigungsrecht wird entweder an bereits bestehende Städte als höhere Potenz des Stadtrechts verliehen[3] oder es wird gleichzeitig mit dem Stadtrecht verliehen;[4] in der Freiung war jedenfalls das Stadtbefestigungsrecht nicht enthalten,[5] wohl aber

---

[1] Vgl. Paulus Matthias Wehner, Pract. Jur. Observationum select. liber singularis, Ed. novissima Francofurti ad Moenum 1674 c. 3 p. 147; Sinolt, Exerc. 9 th. 15 p. 750; Kyllinger, Disc. II § 58f. p. 19; Henricus Hahn, De Jure Rerum et Juris in Re speciebus, Helmstadii 1647 c. 76 § 3 no. 2; u. a. m.

[2] So besonders und regelmäßig erbrechtliche; vgl. z. B. Hahn l. c. c. 76 § 1.

[3] Vgl. U. für Montabaur (Lützelburg 1310 Juni 26) bei B.-F. no. 610 p. 429. — U. betr. Saarburg, Billich, Meien und Montabaur (Frankfurt 1310 Juli 14) bei B.-F. no. 612 p. 430. — U. betr. Deidesheim (Prag 1395 Febr. 14) bei Londorp, Act. Publ. t. 7 l. 7 c. 108 Beilage p. 974; hier wird einem „Mark“ das Befestigungsrecht verliehen.

[4] Den Burgen und Dörfern: Odernheim (Lauterburg 1286 April 16) bei B.-F. no. 454 p. 352, Kreuznach (Erfurt 1290 Jan. 9) bei B.-F. no. 472 p. 362, Neustadt bei Dachsburg (Erfurt 1290 Juli 15) bei B.-F. no. 476 p. 364 wird neben der Freiung Stadtbefestigungsrecht erteilt. — Sobernheim (Colmar 1292 Dez. 23) bei B.-F. no. 495 p. 372. — Berkheim (Porto Venere 1312 Febr. 24) bei B.-F. no. 643 p. 450. — Wehlen (Nürnberg 1323 Juli 23) bei B.-F. no. 719 p. 493. — Neubronn (Nürnberg 1323 Dez. 16) bei B.-F. no. 721 p. 494. — Grindelach (Köln 1328 April 22) bei Goldast, Constitut. I p. 330. — Tettnang (Augsburg 1330 Nov. 19) bei B.-F. no. 743 p. 506. — Birkenfeld (München 1332 Dez. 27) bei Winkelmann no. 553 p. 346. — Udenheim (München 1338 Nov. 12). — Ingweiler (München 1345 Mai 11) bei Winkelmann no. 656 p. 398 und (Hagenau 1347 Dez. 3) bei Winkelmann no. 695 p. 433. — Laumersheim (Prag 1364 Juli 4) bei Winkelmann no. 888 p. 581.

[5] Vgl. U. betr. Frankfurt (1332) bei Keutgen, U. zur städt. Verfgesch. p. 498 no. 399: „Und waz wir friheit iemanne getan haben, die wollen wir also von menlichem verstan, und wollen ouch, daz iz aller menlich verste und verneme als wir haben: daz sie sagetane friheit an wochenmarkten mogent haben, und ir urteil zu suchen nach der stat rechte darnach wir in dan friheit haben gegeben usw.“ — Auch die Verleihung [bzw. Bestätigung angemaßten] Marktrechts ohne Stadtrecht kommt vor, vgl. z. B. U. betr. Hüfingen (Dinkelsbühl 1274 Juni 9) bei B.-F. no. 398 p. 320. — Freiungen ohne Stadtbefestigungsrecht finden sich z. B. in U. betr. Steinbach (Mainz 1258 Aug. 22) bei B.-F. no. 382 p. 310. — Camberg (Nürnberg 1281 Aug. 27) bei B.-F. no. 424 p. 333 u. (Worms 1300 Mai 29) bei B.-F. no. 522 p. 403. — Veldenz (Lauterburg 1286 April 22) bei B.-F. no. 456 p. 353. — Westerburg (Bonn 1292 Juli 7) bei B.-F.

kann es mit dieser zusammen verliehen werden und so qualifiziert sein.

c) Die Generalkonzession des Befestigungsrechts an Landesherren, die von der Prüfung der Zulässigkeit der einzelnen geplanten Befestigungsbauten im Gebiet des privilegierten Landesherrn Abstand nimmt und dem einzelnen Landesherrn für den Umfang seines Territoriums die generelle und diskretionäre Erlaubnis erteilt, Befestigungsbauten jeder Art, ohne Einholung besonderer kaiserlicher Erlaubnis im einzelnen Fall, zu errichten, zeichnet sich nicht sowohl, wie die beiden soeben betrachteten qualifizierten Konzessionen, durch eine gleichzeitige, in einem Privileg verbundene Erteilung mehrerer Befugnisse für eine einzelne Befestigungsanlage aus, als durch die generelle Erteilung zur Errichtung von Befestigungsbauten, deren Zahl, Umfang und Örtlichkeit der Privilegierte innerhalb seines Territoriums nach freiem Ermessen zu bestimmen befugt wird. Hierdurch erlangt der Privilegierte einen großen Teil der befestigungsrechtlichen Befugnisse, die dem Markgrafen von Amts wegen zustehen.[1]

---

no. 487 p. 368. — Beilstein, Mengerskirchen, Hademar (Colmar 1321 Febr. 18) bei B.-F. no. 688 p. 480. — Dietz [Burg und Stadt] (Soncino 1329 April 28) bei B.-F. no. 726 p. 496 u. (Parma 1329 Nov. 24) bei B.-F. no. 733 p. 502. — Dillenburg [Burg u. Thal] (Wiesbaden 1344 Sept. 20) bei B.-F. no. 812 p. 546. — Befestigungsmauern sind eben kein Essentiale des Stadtbegriffs; der Reichslandfrieden v. 1235 Art. 26 bei A.-B. no. 103 p. 225 unterscheidet die „civitas murata“ von der „civitas muro carens“; der sogen. Schwabenspiegel unterscheidet 3 Arten von Städten: a) mit Mauern und Türmen, b) mit graben, c) ohne beides; vgl. Schwa.Sp. LandR. Goldast c. 151 p. 63 = Lassberg c. 137 p. 66, Goldast c. 153 p. 64 = Lassberg c. 253 p. 113 = Wackernagel c. 207 p. 199; demgemäß habe ich diese Auffassung auch schon früher für das Mittelalter vertreten; vgl. Gierkes Untersuchungen zur Deutschen Staats- u. Rechtsgeschichte, Heft 99 Breslau 1909 p. 1. — Auch das siebzehnte Jahrhundert kennt „civitates muris, fossis vallove circumdatae“ und „civitates apertae et nullo horum munimento firmatae“ vgl. Limnaeus l. 7 c. 1 no. 22 p. 8, Knipschildt l. 1 c. 8 p. 61 § 4, Stryk VIII, 6 § 42 p. 102, Lagus Compendium Jur. Civ. et Saxonici, ed. Joachim Gregorii Magdeburg 1603 l. 2 tit. 8. — Dieser Unterschied ist von besonderer Bedeutung im Befestigungszerstörungsrecht; jedoch ist es unzulässig aus dem mit der Zerstörung der Stadtbefestigung verbundenen Verlust der städtischen Privilegien auf die Essentialität der Stadtbefestigung zu schließen.

[1] Vgl. z. B. U. für Bischof v. Passau (1276) bei Hertius § 19 p. 233 nach Wigul. Hundius t. I Metrop. Salisb. p. 319. — U. für Bischof v. Speier (Nürn-

III. In den Marken erfolgt der Erwerb des Befestigungsrechts regelmäßig auf Grund markgräflicher Konzession.[1]

IV. Im alten Siedelungsgebiet stand die Erteilung der Konzession in generell bestimmten Fällen, denen nur eine lokale Bedeutung beigemessen wurde, den Inhabern der Grafenrechte kraft Amtsrechts zu; im Kolonisationsgebiet hatte der Graf und später der markgräfliche Vogt[2] dieselben Befugnisse.

Der Sachsenspiegel berichtet hierüber: „Man en mûz ouch nicheine burg bûwen noch stat vestenen mit blanken noch mit mûren, noch berg noch werder bûwen, turme binne dorferen, âne des landes richteres urloub.“[3]

Der sogen. Schwabenspiegel folgt hier dem, wie sich aus der Reihenfolge der aufgezählten Befestigungsarten ergibt, als Vorlage benutzten Sachsenspiegel nicht vollständig, er besagt vielmehr: „Man sol auch kein Burg bawen, noch Dorff, Vest oder Berg bawen mit Vestung ohn des Landrichters Urlaub“,[4] oder wie es in einer anderen Lesart heißt: „Man sol auch kein burg bawen, noch dorf feste machen, noch berge mit festungen ane des Lantrichters urloup“.[5] Abgesehen von der Nichtaufnahme der Wasserbefestigungen, die vielleicht bei der Umarbeitung der Stelle versehentlich wegfielen, ist es sehr auffällig, daß die Stadtbefestigungen, deren absichtliche Weglassung nach der ganzen Struktur der Schwabenspiegelstelle[6] die Ursache der Umarbeitungen gewesen ist, hier nicht aufgenommen

---

berg 1422 Sept. 3) bei Londorp t. I l. 2 c. 18 Beilage B. p. 397. — U. für Grf. Königseck (1675) bei Moser, Teutsches St.R. Theil V p. 371 § 5.

[1] Vgl. hierüber oben § 5 II—IV. p. 62f.

[2] Vgl. hierzu oben § 5 III Note 2 p. 64.

[3] Vgl. Sa.Sp. LandR. III, 66 § 2; nach der Glosse „Ohne Urloub des Landrichters“ und „mit blanken“ handelt es sich hier, wie schon oben § 2 Note 3 p. 30 ausgeführt, um amtsrechtliche, sicherheitspolizeiliche Befugnisse, nicht um landesherrliche Hoheitsrechte.

[4] Vgl. Schwa.Sp. LandR. Goldast c. 235[2] p. 80.

[5] Vgl. Schwa.Sp. LandR. Wackernagel c. 123 art. 2 p. 118 u. Lassberg c. 143a p. 68.

[6] Bei Goldast schließt sich in c. 235[3] p. 80 eine Bestimmung über den Städtebau an, die aber nicht in die Lehre von der Baukonzession gehört. Bei allen drei Lesarten rückt das Wort „dorf“ an die Stelle des Wortes „statt“, und bedingt so die übrigen Änderungen.

sind.[1] Diese Umarbeitung läßt sich nur aus einer Verschiedenheit der verfassungsrechtlichen Verhältnisse des alten Siedelungsgebiets und der Marken erklären. Die Konzessionierung von Stadtbefestigungen stand demnach dem Grafen generell kraft Amtsrechts nicht zu; dagegen war seine Erlaubnis beim Bau von anderen Befestigungswerken, wie Burgen, Dorf- und Feldbefestigungen, einzuholen, wie auch eine im Jahre 1279 auf Bitten des Markgrafen von Hochberg ergangene Reichssentenz bestätigt.[2]

Neben dieser gräflichen Konzession kraft genereller Delegation finden sich auch gräfliche Konzessionen auf Grund voraufgegangener kaiserlicher Konzession und kraft Spezialdelegation; die uns erhaltenen Urkunden dieser Art haben das Stadtbefestigungsrecht zum Gegenstand.[3] Eine im Jahre 1310 ergangene Reichssentenz läßt die Notwendigkeit der voraufgegangenen königlichen Spezialdelegation in derartigen städtischen Privilegiensachen deutlich erkennen.[4]

V. Neben dieser regelmäßigen Form des Erwerbs des Befestigungsrechts kennt das deutsche Recht auch hier, wie beim Erwerb anderer regaler Befugnisse, Surrogate des Erwerbstitels. Diese

---

[1] Schrader, Bef.R. p. 49 Note 12 ist dieser grundlegende Unterschied entgangen; nach ihm finden sich im Schwabenspiegel die Bestimmungen des Sachsenspiegels im wesentlichen unverändert wieder; aus diesem Mißverständnis erklärt sich teilweise auch Schraders Ansicht, nach der das Stadtbefestigungsrecht des dreizehnten Jahrhunderts ein „landesherrliches Hoheitsrecht" war; vgl. Schrader Bef.R. p. 50.

[2] Vgl. U. (Wien 1279 Sept.) MGLL sect. IV Bd. III no. 261 p. 255; vgl. hierzu Fritsch c. 4 § 9. — Eine andere Wurzel der gräflichen Erlaubnis, die in den Reichssentenzen (1180 April) MGLL sect. IV Bd. I no. 280 p. 387, (1184 März 15) MGLL sect. IV Bd. I no. 297 p. 422, (1294 April 14) MGLL sect. IV Bd. III c. 5 p. 488 hervortritt, aber mit dem publizistischen Institut der Konzession in keinem Zusammenhang steht, wird unten darzustellen sein; vgl. § 7 Note 1 p. 82.

[3] Vgl. U. für Hamburg (1189) bei Lappenberg, Hamb. Urk.buch I no. 286 und das Priv. des Herzogs Adolf v. Holstein (1190) bei Crellius c. 10 p. 37 u. 38. — U. des Ulrich v. Trichtlingen für die „civitas Voerdensis" (1388), die auf eine voraufgegange kaiserliche Erlaubnis hinweist; vgl. Crellius l. c. — U. betr. Reinald v. Geldern (1310) MGLL sect. IV Bd. IV no. 429, vgl. hierzu die geldernschen Stadtrechtsbestätigungen (1312) bei Nijhoff, Gedenkwaardigheden uit de Geschiedenis von Gelderland, Arnheim 1830 Bd. I nos. 138 bis 147.

[4] Reichssentenz (Speier 1310) MGLL sect. IV Bd. IV no. 427.

Surrogate haben sogar in der Praxis des hohen und späten Mittelalters eine so große Bedeutung erlangt, daß sie in manchen Perioden die normale Form des Erwerbs des Befestigungsrechtes überwucherten, wenn sie sie auch nie ganz verdrängen konnten. Das Institut der Verschweigung, das vielfach durch die Unvordenklichkeit ergänzt wurde und frühe schon durch die römisch-rechtliche Ersitzung und Verjährung in ihrer kanonistischen Umbildung verdrängt wurde, und das Recht der Selbsthilfe kommen hier in erster Linie in Betracht.

1. Bei dem vom Grafen nicht erlaubten Burgenbau verschweigt sich der Graf gegenüber dem Erbauer, wenn er den Bau nicht gestört hat und den Erbauer während der ordentlichen Verschweigungsfrist im ruhigen Besitz der Herrschaft über die Burg belassen hat.[1] Dagegen scheint eine Verschweigung des Kaisers an nicht konzessionierten Befestigungsbauten im Mittelalter rechtlich nicht möglich zu sein; in späterer Zeit schrieb man allerdings auch der Unvordenklichkeit mit den kaiserlichen Privilegien gleiche Kraft zu;[2] praktisch ist jedoch diese Auffassung von geringer Bedeutung, solange der Kaiser noch kraft seiner absoluten Privilegienhoheit jederzeit in der Lage ist, ein Privileg, also auch einen ihm gleichstehenden Titel abzuändern oder aufzuheben.[3] Mit Rücksicht darauf ließ sich im Jahre 1207 die Stadt Köln die ohne königliche Erlaubnis errichteten Befestigungsbauten durch königliches Privileg nachträglich bestätigen,[4] und noch dreihundert Jahre später, als bereits, wie aus der Urkunde klar hervorgeht, die romanistische Konstruktion dieses Verhältnisses eingewurzelt war, suchte die Stadt Rotenburg für eine Reihe von Befestigungsbauten, an denen sie durch eine mehr als neunzigjährige einwandsfreie Immemorialverjährung die „Gewehr“ ersessen hatte, doch die kaiserliche Be-

[1] Reichssentenz (Nürnberg 1294 April 14) auf Bitten des Grf. Reinald v. Geldern, MGLL sect. IV Bd. III p. 487 no. 506 c. 2; es handelt sich dabei nicht um eine auf dem Allod des Grafen erbaute Burg, was doch sicherlich in der Sentenz anders als mit den Worten: „in comitatu alicuius comitis“ hervorgehoben worden wäre.

[2] Vgl. Oetting in Fritschs, Jus fluviaticum Jenae 1672 p. 264; Stryk I, 24 c. 3 § 28 p. 471.

[3] Vgl. oben § 2 Note 2 p. 23.

[4] Vgl. Pactum cum Coloniensibus (1207 Jan.) MGLL sect. IV Bd. II no. 11 p. 14 c. 4.

stätigung nach.[1] Allerdings verschoben sich im sechzehnten und siebzehnten Jahrhundert die tatsächlichen Verhältnisse so sehr, daß ihnen auch die wissenschaftliche Konstruktion Rechnung tragen mußte, und demgemäß erklärte nunmehr die herrschende Ansicht die Immemorialverjährung für einen genügenden Erwerbstitel des Befestigungsrechts.[2]

2. In den Zeiten, in denen der erlaubnislose Burgenbau einen größeren Umfang annahm, wurde von vielen Burgenbesitzern ein abusiver und für das Leben und Eigentum der Umwohner gefährlicher Zweck mit der Errichtung und dem Besitz dieser „Raubhäuser" verbunden.[3] In diesen Zeiten, die sich naturgemäß mit den Zeiten der Schwäche der Reichsgewalt deckten, wurden vielfach Burgen zum Schutze gegen die Raubhäuser eigenmächtig im Drange der Not errichtet; von diesen Verhältnissen sagt einmal Kyllinger im Anschluß an Bodin sehr treffend: mos inveteravit, ut arces ac praesidia contra vim latronum ruri habere liceat;[4] allerdings wurde hierdurch eine gewohnheitsrechtliche Befestigungsbaufreiheit defensionis gratia, wie die romanisierende Naturrechtslehre des siebzehnten Jahrhunderts annimmt, nicht geschaffen, da der Ausbildung dieses Gewohnheitsrechts das Bewußtsein der Gesetzwidrigkeit im Wege stand;[5] aber immerhin wird hier ein dauernder tatsächlicher Zustand geschaffen, dem zwar die rechtliche Sanktion versagt bleibt, den zu beseitigen aber die Rechtsordnung zu schwach ist, die ja

---

[1] U. für Rotenburg (Konstanz 1507 Juni 9) bei Lünig, RA. XIV p. 347 no. 14; vgl. dazu Crellius c. 10 p. 38.

[2] Vgl. z. B. Klockius, Tr. de contributionibus c. 3 no. 131 p. 66; Stryk XXIV c. 3 § 34 p. 471; de Ludolf, Symphorema consultationum t. III p. II Francofurti ad Moenum 1739 § 536 p. 203; Fritsch, De Jure Grutiae c. 4 § 5 in seinem Jus fluviaticum, weitere Literatur ebendaselbst § 7 p. 114; Stryk I, 24 c. 3 § 29f. p. 471; u. a. m.

[3] Über die Raubhäuser wird unten im Befestigungszerstörungsrecht im Zusammenhang gehandelt werden.

[4] Vgl. Kyllinger, Disc. 4 § 143 p. 66; Klockius, Tr. de Contrib. c. 9 n. 47—49 p. 196.

[5] Kyllinger, Disc. 4 § 144 p. 66 möchte sich für ein derartiges Gewohnheitsrecht nicht aussprechen; er sagt vielmehr: „Utrum vero consuetudine sit receptum hodie in Germania, ut cuivis volenti liceat castrum facere, non equidem certo quid aussim asserere". Eine Anerkennung eines Gewohnheitsrechts kann sicherlich in diesem „non liquet" nicht gefunden werden.

nicht einmal der schlimmsten Auswüchse des eigenmächtigen Burgenbaus, der Raubhäuser, dauernd Herr zu werden vermag. Für die einzelne Burg, die zur Abwehr gegen eine domus nociva erbaut war, bestand zwar während der Dauer dieser Gefahr sicherlich der Rechtstitel der Selbsthilfe, aber mit dem Aufhören dieser Gefahr entfiel auch die rechtliche Grundlage dieser eigenmächtig erbauten Notburg; die Ergänzung ihrer mangelnden Rechtsgrundlage konnte dem Grafen gegenüber auch für sie nur die Verschweigung schaffen, an deren Stelle dann, wie schon oben[1] ausgeführt, zu Beginn der Neuzeit allgemein die Immemorialverjährung trat.

§ 7.

Die Beschränkungen des Befestigungsrechts.

I. Wie bei den übrigen Regalien, so ist auch beim Befestigungsrecht der Inhaber des eigenen Rechts, wie der der Konzession nicht zur unbeschränkten Ausübung seines Rechts befugt; ganz abgesehen von den allen dinglichen Rechtsverhältnissen gemeinsamen Beschränkungen weist das Befestigungsrecht nicht nur eine Anzahl ihm besonderer Beschränkungen auf, sondern es hat auch einzelne ihm mit anderen regalen Befugnissen gemeinsame Beschränkungen seinen Zwecken in eigentümlicher Weise angepaßt und ausgebaut. In diesen Beschränkungen tritt nicht allein der vielen mittelalterlichen Rechtssätzen eigene, gemischt öffentlich- und privatrechtliche Charakter, der eine systematische Unterscheidung nach diesen beiden Gesichtspunkten vereitelt, scharf hervor, sondern es zeigt sich auch die besondere Struktur der regalen Befugnisse darin, daß ein und dieselben Beschränkungen sowohl auf Grund öffentlichrechtlicher, als privatrechtlicher Vorschriften herbeigeführt werden konnten. An dieser Stelle wird nur von den dem Befestigungsrecht eigentümlichen und den von ihm spezifisch ausgebildeten, ihm mit anderen Regalien gemeinsamen Beschränkungen des eigenen und konzessionierten Befestigungsrechts zu handeln sein, während die allgemeinen Beschränkungen dinglicher Berechtigungen des deutschen Mittelalters bei diesen Ausführungen unberücksichtigt bleiben.

---

[1] Vgl. oben Note 2 p. 79.

II. Prinzipiell darf der Befestigungsberechtigte, gleichgültig ob seine Berechtigung auf eigenem Recht oder auf verliehenem Recht beruht, nur auf seinem eigenen Grund und Boden bauen; in dieser Hinsicht bestand eine Ausnahme zu Gunsten des Königs, die sich auf das Bodenregal und die Pflicht der Friedensbewahrung gründete, von diesem königlichen Befestigungsrecht und seinen Beschränkungen wird noch unten[1] zu handeln sein.

1. Die allgemeine Regel ist in einem Reichsvikariatsgerichtsspruch folgendermaßen formuliert: „quesitum fuit: quod si aliquis in fundo alterius munitionem construeret et dominium fundi spoliaret in ipsam, quid super hoc juris esset: et fuit ab omnibus approbatum: quod preter destructionem castri ad duplum satisfacere teneretur."[2] Eine Anwendung dieser Regel findet sich in einem Reichshofgerichtsspruch vom Jahre 1289, durch den der Graf von Öttingen verurteilt wurde, eine auf kirchlichem Boden errichtete Burg auf die Klage des Bischofs von Eichstätt abzubrechen.[3] In zwei weiteren Reichssentenzen wird jeder Zweifel, ob die allgemeine Regel auch für die Inhaber der Grafenrechte verbindlich ist, beseitigt; es heißt da: „quod nullus comes in terminis comitatus sui in fundo proprietatis titulo ad aliquem incolam ipsius comitatus spectante possit de iure absque consensu ipsius ad quem spectat ipsa proprietas alicuius castri vel alterius munitionis edificia instaurare de novo"; in einem weiteren Reichsspruch wurde bezüglich der Entscheidung von derartigen Streitigkeiten zwischen befestigungsberechtigten Grafen und Bodeneigentümer bestimmt: „ut si inter comitem, cuius est comitatus et dominum fundi predicti super edificiis prelibatis questio oriatur, huius modi contentio coram nostra maiestate tamquam superiori iudice tractari debeat et finiri".[4] Auch der sogenannte Schwabenspiegel kennt einen derartigen Rechtssatz, den er folgendermaßen wiedergibt: „Man sol ouch kein Statt bawen ohn deß

---

[1] Vgl. unten § 7 II, 2.

[2] Vgl. Sententia comitum Palatinorum (1254 Nov.) MGLL sect. IV Bd. II p. 634 no. 461; dieses wichtige Weistum scheint Schrader, Bef.R. p. 59f. entgangen zu sein.

[3] Vgl. MGLL sect. IV Bd. III (1289 März 17) p. 655.

[4] Vgl. Reichssentenz (vor Kreuzburg 1295 Okt. 10) MGLL sect. IV Bd. III p. 518 no. 549.

Herren Urloub, deß die Statt eygen ist. Ist sie seyn Lehen, er hat dasselb Recht".[1]

2. Wiewohl diese Normen nicht nur das mittelalterliche, sondern auch das neuzeitliche[2] Befestigungsrecht beherrschen, haben sie doch in der neueren Literatur gar keine Beachtung oder eine mißverstandene Auslegung[3] gefunden; und hieraus erklärt sich teilweise die irrtümliche Auffassung der Wechselbeziehungen zwischen gräflichem Befestigungsrecht, Konzession und Öffnung,[4] wie auch insbesondere die an inneren Widersprüchen reiche, aprioristische und philologisch, wie kritisch unhaltbare Erläuterung der wichtigen befestigungsrechtlichen Vorschriften der Reichsgrundgesetze des dreizehnten Jahrhunderts. Hätte man sich die Bedeutung des Bodeneigentums und des Lehenrechts für den konkreten Befestigungsbau vergegenwärtigt, dann wäre man wohl vor der eigentümlichen Identifizierung von Beschränkung kaiserlicher Befestigungsbauten auf Kirchenboden und landesherrlicher Befestigungshoheit bewahrt geblieben; einer eigenen quellenkritischen Untersuchung stand bislang, abgesehen von Schraders feinsinnigen, dogmengeschichtlichen Forschungen,[5] wiederum die Autorität der Eichhornschen Staats- und

---

[1] Schwabenspiegel LandR. Goldast c. 235[3] p. 80; Lassberg c. 143a p. 68; bei Wackernagel fehlt diese Bestimmung. — Der Sachsenspiegel enthält keine derartige Bestimmung, da zur Zeit seiner Entstehung der Markgraf noch unumschränkt über die Anlage von Befestigungen verfügte; vgl. Myler, P. II c. 77 no. 5 p. 689; Reichssentenz (1294) MGLL sect. IV Bd. III, c. 5 p. 488.

[2] Vgl. z. B. Stryk II, 1 c. 1 § 109 p. 15, VIII, 6 c. 6 § 17 p. 95; Knipschildt II c. 22 § 101 p. 472; Röhrensee § 16; Myler P. II c. 77 no. 5 p. 689.

[3] Vgl. z. B. Schröder, D.R.G.[5] p. 606 Note 24; gegen ihn schon Schrader, Bef.R. p. 60 Note 51; Schröder sieht in der oben Note 4 p. 81 angeführten Reichssentenz eine Entscheidung über die „Zwangsenteignung zu Befestigungszwecken", während es sich in Wirklichkeit um Bodenraub zu Befestigungszwecken handelt; nur der letztere vollzog sich in den in der Urkunde geschilderten primitiven Formen.

[4] Hiervon wird noch unten zu handeln sein.

[5] Vgl. Schrader, Bef.R. p. 87—109, wo er eine sehr ansprechende Exegese der Fürstenprivilegien von 1220 u. 1232 und eine sehr gründliche Analyse der neueren Erklärungsversuche derselben von Eichhorn an gibt; leider setzt er diese Privilegien nicht in Beziehung zu den oben unter II, 1 angeführten Quellenstellen über das Bodeneigentum; sein Verdienst besteht daher hauptsächlich in der Erläuterung der Bestimmungen der Fürstenprivilegien an sich, während die positive Seite der Frage, die Erkenntnis der systema-

Rechtsgeschichte[1] im Wege, die wohl erstmals diese befremdliche, soeben erwähnte Gleichung aufgestellt hat. Diese Argumentation Eichhorns und seiner Nachfolger knüpft an eine Stelle der sogenannten Confoederatio cum principibus ecclesiasticis an, die folgendermaßen lautet: „Item constituimus, ut nulla edificia, castra videlicet seu civitates, in fundis ecclesiarum vel occasione advocatie vel alio quoquam pretextu construantur; et si qua forte sunt constructa contra voluntatem eorum, quibus fundi attinent, diruantur regia potestate".[2] Das Prinzip dieser Bestimmung enthält keine Neuerung; denn sowohl das Erfordernis der Zustimmung des Bodeneigentümers, als die Pflicht des Königs zur Zerstörung unberechtigten Befestigungsbaues sind schon vorher reichsrechtlich anerkannt;[3] es wird hier nur hervorgehoben, daß auch die Vögte an diesen allgemeinen Rechtssatz gebunden seien; die Aufnahme dieser Stelle in die Confoederatio erklärt sich daher wohl aus dem Wunsche der geistlichen Fürsten, einen ihnen besonders lästigen Mißbrauch allgemein und in besonders feierlicher Form erneut verboten zu sehen. Der Verzicht auf das königliche eigene Befestigungsrecht[4] soll in der Stelle sicherlich ebenso wenig ausgesprochen werden, als der Verzicht auf die Konzessionierung von Befestigungsbauten auf Kirchenboden.[5] Dagegen enthält das sogenannte Statutum in favorem principum vom Jahre 1232 tatsächlich einen Verzicht des Kaisers auf das eigene Befestigungsrecht auf Kirchenboden und damit die Anerkennung des Erfordernisses der Zustimmung des Bodeneigentümers zu kaiserlichen Befestigungsbauten auf Kirchenboden; weitere Zugeständnisse und Verzichte des Königs, die man in dieser Stelle

---

tischen Zusammenhänge und historisch bedingten Entwickelungsreihen, auch durch ihn nicht gelöst wird.

[1] Vgl. Eichhorn, Deutsche Staats- und Rechtsgeschichte II[5] p. 454 § 305 Note a; p. 509 § 324 Note d.

[2] Vgl. Priv. in fav. princ. eccl. (Frankfurt 1220 April 26) MGLL sect. IV Bd. II no. 73 c. 9 p. 90.

[3] Vgl. z. B. Reichssentenz (1180 April) MGLL sect. IV Bd. I no. 280 p. 387. — Reichssentenz (Basel 1214) bei Huill.-Bréh. t. I p. 323f.; weitere Beispiele bei Schrader, Bef.R. p. 99f.

[4] Dagegen sprechen die Worte: „diruantur ‚regia' potestate"; ebenso Schrader, Bef.-R. p. 88 u. 100; A. A. Heusler, Verf.G. p. 169, Schröder DRG[5] p. 529.

[5] A. A. Schröder DRG[5] p. 606.

finden wollte, sind jedenfalls nicht darin enthalten, insbesondere wird den Fürsten durch das Statutum von 1232 weder Befestigungsfreiheit noch Befestigungshoheit verliehen; gegen eine derartige Auffassung spricht der klare Wortlaut der Stelle, es heißt nämlich da: „Concedimus igitur, iuxta quod idem rex filius noster noscitur concessisse,[1] ac perpetue confirmacioni donamus, statuentes: quatenus nullum novum castrum vel civitas in fundis ecclesiarum, vel occasione advocacie, per nos vel per quemquam alium sub pretextu quolibet construantur.";[2] andererseits widerspricht die Nachsuchung zahlreicher Befestigungsprivilegien in der Zeit nach 1232 durch geistliche Fürsten[3] einer derartigen Auslegung der Stelle. Diese Beschränkung galt aber für das eigene Befestigungsrecht des Kaisers nicht im Kriegsfall, wie sich sowohl aus der Lehre von der incastellatio,[4] als auch aus den Wahlkapitulationen von Karl V. bis Ferdinand III. ergibt, die übereinstimmend die Stelle enthalten: „Wo Wir aber von des Reichs wegen, oder das heilige Reich angegriffen und bekrieget würden, als dann mögen Wir Uns dagegen aller Hülfe gebrauchen",[5]

---

[1] Dies bezieht sich auf die Constitutio in favorem principum Henrici VII (1231 Mai 1) MGLL sect. IV Bd. II no. 304 c. 1 p. 419, wo gesagt wird: „Statuentes in primis, quod nullum novum castrum vel civitatem in preiudicium principum construere debeamus." Aber, wie schon Löher, Fürsten und Städte, Halle 1846 p. 64f., richtig erkannt hat, bedeutet das Statutum von 1232 eine Aufhebung der Bestimmungen Heinrichs VII.; allerdings sind auch Löher die Differenzen zwischen den beiden Gesetzen nicht ganz klar geworden. Gegenüber dem Statutum von 1231 enthält das Statutum von 1232 in persönlicher Beziehung eine Einschränkung („fundi ecclesiarum"), in sachlicher Beziehung eine Erweiterung, insofern jedweder Befestigungsbau auf Kirchenboden, nicht nur der „in preiudicium princ. eccl.", an die Zustimmung des Eigentümers des Kirchenbodens geknüpft wird, wie dies auch schon die Confoederatio bestimmt hatte. Der Confoederatio gegenüber enthält allerdings das Statutum von 1232 die im Text angegebene Erweiterung. Für die Interpretation des Statutum von 1231 vgl. noch § 7 II 3.

[2] Constitutio in favorem principum (1232 Mai) MGLL sect. IV Bd. II no. 171 c. 1 p. 212.

[3] Vgl. die diesbezüglichen Nachweisungen oben § 2 Note 2 p. 17.

[4] Vgl. unten § 7 II, 4.

[5] Vgl. die Capitulationen Carl V. (1519) art. 11, Ferdinand I. (1556) art. 10, Maximilian II. (1562) art. 11, Rudolf II. (1575) art. 10, Matthias (1612) art. 11, Ferdinand II. (1619) art. 9 u. Ferdinand III. (1636) art. 11 bei Lünig, Corpus Juris Militaris Bd. 1 p. 381f.; erst seit 1658 findet sich an dieser Stelle der Wahlkapitulation der oben § 3 Note 1 p. 35 verzeichnete Zusatz; woraus sich

erst die Wahlkapitulation Leopolds I. enthält einen generellen Verzicht des Kaisers auf das eigene Befestigungsrecht in der Stände Landen und bindet damit die Errichtung kaiserlicher Befestigungsbauten an die Zustimmung des an die Stelle des Bodeneigentümers getretenen Landesherrn.[1]

3. Eine notwendige Einschränkung des Grundsatzes der Zustimmung des Bodeneigentümers oder Belehnten wurde in einer vielbesprochenen und vielfach mißdeuteten Reichssentenz getroffen. Da es ein zeitraubendes und schwieriges Verfahren erfordert hätte, die Zustimmung aller prinzipiell Berechtigten für die Ummauerung der Stadt einzuholen, wurde bestimmt, daß für den Fall der Befestigung der Stadt eines Reichsfürsten ad opus et obsequium imperii, d. i. im Interesse und auf Befehl des Reichs, gerade so, wie wenn es sich um eine kaiserliche Befestigungsanlage handelte, von der Einholung der Zustimmung der Beteiligten abgesehen werden durfte;[2] die kaiserliche Konzession war aber erforderlich, und wird hier speziell erteilt.[3] Eine Verleihung des Stadtbefestigungsrechts, sei es Stadtbefestigungshoheit oder Stadtbefestigungsfreiheit, kann in dem Spruche aber nicht gefunden werden.[4]

Im Recht der späteren Zeit wird den Landesherren zuerst theoretisch, dann aber auch praktisch das Enteignungsrecht zu Befestigungszwecken zuerkannt vi supereminentis dominii ohne Rücksicht auf jura quaesita, aber nur ob publicam necessitatem und gegen Entschädigung.[5]

---

ergibt, daß bis dahin eine derartige Beschränkung des Kaisers im Kriegsfall nicht bestand.

[1] Vgl. hierzu oben § 3 I.

[2] Reichssentenz (Worms 1231 Mai 1) MGLL sect. IV Bd. II no. 306 p. 421; es heißt da: „lata sententia fuit et ab omnibus approbata: quod quilibet episcopus et princeps imperii civitatem suam debeat et possit ad opus et obsequium imperii et ipsius in fossatis muris et in omnibus munire".

[3] Demzufolge fährt die Sentenz fort: „Inde est, quod auctoritate presentium dilecto principi nostro venerabili Frisingensi episcopo liberam auctoritatem dedimus edificandi civitatem et montem Frisingensem ad commodum et obsequium imperii et ecclesie ipsius". — Diese Spezialkonzession hätte in der Sentenz keine Aufnahme gefunden, wenn man die kaiserliche Konzession hätte für überflüssig erklären wollen.

[4] A. A. Schröder D.R.G.[5] p. 606 Note 24; ohne Angabe von Gründen.

[5] Vgl. hierzu z. B. Berends § 19; Fritsch c. 5 § 15; Röhrensee §§ 25 u. 26; Myler P. II c. 77 no. 3[2] p. 688; Stryk I, 24 c. 5 §§ 13—20 p. 475; X,

4. Die Befestigung von Kirchen, Klöstern und Friedhöfen als Zufluchtsort für die Umwohner in Zeiten der Not war eine im Mittelalter sehr verbreitete Erscheinung;[1] meist waren es Zäune, Gräben und Mauern, die nicht über das konzessionspflichtige Maß hinausgingen, jedoch durch ihre Lage auf Anhöhen eine wirksame Verteidigungsmöglichkeit boten; aber auch die Türme der Kirchen, die meist die einzigen steinernen Gebäude in den Dörfern waren und so einen burgartigen Charakter annahmen, waren zu diesen Zwecken geeignet. Trotzdem nun diese Orte von altersher in einem besonderen Frieden standen,[2] wird in Kriegszeiten die Benutzung dieser Orte nicht nur den Einwohnern zur Zuflucht gestattet, sondern auch den Landesherren zu Kriegszwecken trotz des Widerspruchs der Kanonisten als Notrecht unter der Voraussetzung der Wiederherstellung des früheren Zustandes nach Beendigung des Gebrauches von der communis opinio zugebilligt;[3] tatsächlich spielte diese incastellatio ecclesiarum et cimeteriorum in der Kriegsgeschichte dieser Zeiten eine bedeutende Rolle.[4] Hier interessiert diese Erscheinung als eine Ausnahme von der Notwendigkeit der Einholung der Zustimmung des Bodeneigentümers zur Anlage von Befestigungen.

5. Das mittelalterliche Recht weist, wie auf verschiedenen anderen Gebieten, so auch im Bereiche des Befestigungsrechts vielfache Einwirkungen personenrechtlicher Gemeinschaften auf; an einzelnen Grundstücken, wie an größeren Komplexen von solchen

---

23 c. 3 § 12 p. 394, XIV, 3 § 8 p. 155; Knipschildt, Civ. Imp. l. II c. 22 §§ 130—133 p. 474f. u. a. m.; nahe verwandt damit ist das spätere Befestigungszerstörungsrecht, von dem noch zu handeln sein wird.

[1] Vgl. die Beispiele bei Maurer, Fronhöfe II p. 162 u. 163 und bei Mone, Kriegswesen p. 42 u. 43.

[2] Vgl. z. B. Prov. Landfrieden (1104) bei A.-B. no. 96 c. 1 p. 208; Sächs. Landfrieden (1223) bei A.-B. no. 101 c. 2 p. 216; Reichslandfrieden (1224) bei A.-B. no. 102 c. 2 p. 217; Frankfurter Reichsabschied (1442) bei A.-B. no. 109 c. 8 p. 251.

[3] Vgl. Hering, De castris § 42; Röhrensee §§ 24, 21—23; Myler P. II c. 77 no. 7 p. 691f.; Tuschus, Pract. Concl. III no. 426 § 18 p. 575; Stryk I, 24 c. 4 §§ 19 u. 21 p. 473; u. a. m.

[4] Vgl. schon Ottokari Ducis Pax Austriaca (1256/61) MGLL sect. IV Bd. II, no. 440 c. 20 p. 667, wo es heißt: „man sol auch . . . brechen . . . die veste die gemachet sint auz den chirchen“; vgl. die zahlreichen Beispiele bei Mone, Kriegswesen p. 42 u. 43.

bestehen allodiale oder auch lehenrechtliche Gemeinschaften; an derartigen Grundstücken oder Grundstücksgesamtheiten werden die Rechte des Bodeneigentümers bzw. Lehensträgers in der Regel nach Gesamthandsgrundsätzen ausgeübt d. h. einer der Berechtigten kann nicht allein gegen den Willen des oder der anderen Berechtigten eine ihm konzessionierte Burg auf dem gemeinschaftlichen Grundstück errichten oder einem mit einer Konzession privilegierten Dritten die Erlaubnis zur Errichtung der Befestigung auf dem gemeinschaftlichen Boden erteilen. Auch in Reichssentenzen wurde über diese Verhältnisse geurteilt, so heißt es in einem Spruch vom Jahre 1184: „Ubicunque duo comites unum comitatum inter se communem habent, unus eorum sine altero in eodem comitatu castrum construere non potest".[1] Ähnliche, auf das Recht der Ganerbenburgen bezügliche Verhältnisse werden in zwei Reichssentenzen aus dem Jahre 1296 erörtert.[2] Die Regeln über das Erfordernis der Zustimmung aller Miteigentümer oder aller Mitbelehnten zu Befestigungsanlagen auf dem gemeinsamen Grund und Boden sind stets in Geltung geblieben; sie finden auch in der

[1] Reichssentenz (1184 März 15) MGLL sect. IV Bd. I no. 297 p, 422; Schrader Bef.R. p. 44f., sieht in dieser Stelle „die reichsrechtliche Anerkennung des gräflichen Befestigungsrechts"; „die selbstverständliche Voraussetzung dieses Spruches ist" (nach Schraders Ansicht), „daß jeder Graf, wenn er allein über seine Grafschaft verfügt, in ihr unangefochten Befestigungen errichten kann. Das wurde 1184 durchaus schon als geltendes Recht betrachtet". Hierin liegt der Grundirrtum der Schraderschen Arbeit, von dieser Auffassung des Reichsweistums von 1184 ist seine Beurteilung der späteren Quellenstellen abhängig, auf diese Stelle baut er seine Annahme von der königlichen Anerkennung des gräflichen (landesherrlichen) „Befestigungsrechts", d. i. bald Befestigungsfreiheit, bald Befestigungshoheit, im zwölften Jahrhundert auf. Er sieht in dem Grafen dieser Stelle nur den Amtsgrafen, ohne seine Eigenschaft als Lehensträger oder als Bodeneigentümer zu berücksichtigen, und doch hätte ihn die auch von ihm p. 60 Note 51 zitierte Schwabenspiegelstelle, die oben § 7 Note 1 p. 82 wiedergegeben ist, eines andern belehren müssen, wenn er diesen Zusammenhang nicht schon aus der von ihm nach Kink, Cod. Wang. no. 21 (1185) auf p. 46 Note 5 wiedergegebenen Urkunde erkannt hätte; dort heißt es nämlich: „Ego (h. e. Henricus comes de Tirol) laudo et iudico, quod non licet alicui sine vestra licentia castrum sibi edificare seu construere in eo comitatu, quem vobis totum retinuistis, sive in eo comitatu, in quo societatem vel comunitatem seu aliquod aliud habetis".

[2] Reichssentenz (Wertheim 1296 Sept. 27) MGLL sect. IV Bd. II no. 551 c. 1 u. 2 p. 519.

Literatur des siebzehnten Jahrhunderts noch eine breite, wenn auch romanistisch begründete Erörterung.[1]

III. Der Befestigungsberechtigte darf nur mit seinem Gute oder mit seiner Leute Gute seine Befestigungsbauten errichten, nicht darf er die Mittel der Landleute d. h. der freien Einwohner des Gebiets[2] dazu in Anspruch nehmen. Wer zu diesem Zwecke etwa unerlaubter Weise[3] Zoll oder Ungeld erhebt, soll wie ein Straßenräuber bestraft werden.[4] Eine willkürliche Heranziehung von Personen, die weder dem Erbauer kraft ihrer persönlichen Abhängigkeit dazu verpflichtet waren, noch aus der Befestigungsanlage Schutz genossen, zur Herstellung oder Finanzierung dieser Bauten sollte vermieden werden. Demselben Zweck diente eine andere Bestimmung, nach welcher jede Burg dreißig Pfund Einkünfte haben mußte; widrigenfalls sie gebrochen wurde;[5] die Gefahr, die dem umliegenden Gebiet und seinen Einwohnern von mittellosen Burgherren und Burgmannen drohte, war eben zu groß, um die Burg nicht schon wegen ihrer Mittellosigkeit als schädliches Haus zu betrachten und dementsprechend mit ihr zu verfahren.

IV. Eine weitere Beschränkung des Befestigungsbaus bestand darin, daß niemand in preiudicium alterius einen Bau aufführen

---

[1] Vgl. statt vieler z. B. Tuschus, Pract. Concl. III concl. 426 §§ 1—3 p. 574; Stryk I, 24 c. 4 §§ 24—26 p. 473; III, 17 c. 3 §§ 20—24 p. 405.

[2] Über den Begriff „Landleute" vgl. Reichsabschied Augsburg (1548) § 66 bei Schmauss p. 176.

[3] Hierzu war ein besonderes kaiserliches Privileg erforderlich, da die Erhebung von Zöllen der finanzhoheitlichen Genehmigung des Reichs unterlag; über die Verleihung derartiger Privilegien zu Befestigungszwecken, vgl. die § 2 Note 1 p. 25 angeführten Beispiele.

[4] Vgl. z. B. Constitutio pacis (Mainz 1235 Aug. 15) MGLL sect. IV Bd. II no. 196 c. 8 p. 244; Pax Moguntina (1235) MGLL sect. IV Bd. III p. 278 no. 279 bis 281 prooemium c. 22; Ottokaris ducis pax Austriaca (1256/61) MGLL sect. IV Bd. II no. 440 c. 7 p. 606; Pax Franconica (1281 Juli 25) MGLL sect. IV Bd. III no. 279 c. 22 p. 285; Pax Rhenana (1281 Dez. 14) MGLL sect. IV Bd. III no. 280 c. 22 p. 285; Pax generalis (1287 März 24) MGLL sect. IV Bd. III no. 390 c. 22 p. 377; Pax generalis (1298 Nov. 16) MGLL sect. IV Bd. IV no 33 c. 23 p. 28; u. a. m.

[5] Vgl. z. B. Pax Bawarica (1244 ante Juli 25) MGLL sect. IV Bd. II no. 427 c. 48 p. 575; Pax Bawarica (1256 ante Nov. 11) MGLL sect. IV Bd. II no. 438 c. 13 p. 597; Ottokaris ducis pax Austriaca (1256/61) MGLL sect. IV Bd. II no. 440 c. 25 p. 606.

durfte und daß niemand, wie es in den späteren Quellen heißt, ad aemulationem alterius von seiner Befestigungsberechtigung Gebrauch machen durfte. Hat der erstere Begriff bis heute noch keine quellenanalytische Klärung erfahren, so leidet die Erkenntnis des zweiten nicht nur unter der großen Zahl der verschieden nuancierten Definitionen und der sich hieraus ergebenden zahlreichen Kontroversen, sondern auch unter dem Mangel an einer zusammenfassenden Arbeit über die Bedeutung dieses Begriffes in den Quellen des fünfzehnten bis siebzehnten Jahrhunderts.[1] Für die Zwecke dieser Untersuchung mag eine gedrängte Zusammenfassung der Ergebnisse einer genauen Quellenanalyse genügen.

a) Die in den Quellen des Befestigungsrechts des zwölften bis vierzehnten Jahrhunderts häufig wiederkehrende Klausel des Verbots von Handlungen „in preiudicium alterius" und der Verwahrung der Auslegung der Befestigungsbefugnis „in preiudicium alterius" bezweckt nicht etwa, wie man neuerdings noch angenommen hat, die gewiß überflüssige, generelle Wiederholung des Verbots jedes „widerrechtlichen Burgenbaues, der gegen die reichsrechtlich festgesetzten Normen des Befestigungsrechtes verstieß",[2] sondern vielmehr den Schutz der subjektiven Rechte der näher bezeichneten Personen, sei es des Kaisers, sei es des Reichs,[3] sei es einer Kirche, sei es einer andern Person.[4] Die Klausel zieht somit der mit dem Befestigungs-

[1] Eine kritische Untersuchung dieser Begriffe würde den hier zu Gebote stehenden Raum überschreiten und muß daher einer Spezialuntersuchung vorbehalten bleiben.

[2] So Schrader Bef.R. p. 111; diese Auffassung bietet keine Erklärung dafür, daß nicht alle Befestigungsprivilegien, sondern nur verhältnismäßig wenige eine derartige Klausel enthalten, und läßt demgemäß die Frage nach dem Zweck der Aufnahme der Klausel in einzelne Privilegien unbeantwortet.

[3] Wie z. B. das Priv. für das Herzogtum Braunschweig (Mainz 1235 Aug. 15) A.-B. no. 132 p. 291f. ergibt, sind Kaiser und Reich zwei differenzierte Persönlichkeiten. Dort übergibt Otto v. Lüneburg seine Allodien dem Kaiser zu Eigentum, dieser überträgt sie dem Reich und belehnt dann mit Zustimmung der Fürsten Otto mit ihnen als Reichsgut und Fahnlehen.

[4] Diese Auffassung wird gerechtfertigt durch den allgemeinen Sprachgebrauch der Urkunden dieser Periode, vgl. z. B. U. für Steinbach (Mainz 1258 Aug. 22) bei B.-F. no. 382 p. 310: „dummodo in nostrum et sacri imperii preiudicium non redundet"; ähnlich U. für Dieburg (Wien 1277 Juli 5) bei B.-F. no. 419 p. 331; die deutsche Klausel lautet: „unschedlichen doch Uns und dem Reich und sonst auch allermeniglichen an ihrem Rechte", vgl. U. für

recht begnadeten Person Schranken in der Ausübung der ihr verliehenen Befugnis[1] oder sie enthält eine Selbstbeschränkung des Inhabers des Befestigungsrechts kraft eigenen Rechtes.[2] Fehlt eine derartige Klausel in dem Privileg, so ist eine derartige Beschränkung nicht zu vermuten; ja das Privileg kann sogar für ein weit größeres Gebiet als das zur Anlage der Befestigung erforderliche den Schutz entgegenstehender subjektiver Rechte ausdrücklich in dem sogenannten Meilenrecht unter Hervorhebung des öffentlichen Interesses versagen.[3]

b) Das in den späteren Quellen häufig vorkommende Verbot des Befestigungsbaues in aemulationem alterius bezweckt den Schutz benachbarter Dritter gegen schikanöse Befestigungsanlagen; ursprünglich wohl auf der Grundlage der Lehre vom Neidbau[4] erwachsen, hat dieses Institut eine Reihe von romanistischen Elementen aufgenommen, die die ursprünglichen germanistischen Rechtsgedanken nicht vollauf verdrängten, ihnen aber auch nicht vollständig assimiliert wurden[5] und so eine Reihe noch ungelöster Kontroversen

---

Heilbronn und Wimpfen (Bönnigheim 1401 Aug. 7) bei Knipschildt, Civ. Imp. l. III c. 23 p. 739; ähnlich U. für Bischof v. Speier (Nürnberg 1422 Sept. 3) bei Londorp, Act. Publ. t. I l. 2 c. 18 Beilage B p. 397: „keine Verleihung, Gnad und Freyheit herwider . . ., die soll dem ehegedachten Raban, seinen Nachkommen Bischoffen und dem Stifft zu Speyer heran keinen Schaden oder Unstatten bringen"; u. a. m.

[1] Vgl. z. B. U. betr. Saarburg, Billich, Berncastel, Meien und Montabaur (Frankfurt 1310 Juli 14) bei B.-F. no. 612 p. 430: „muniuntur, ita tamen, quod ex hoc prefato archiepiscopo et suis successoribus, nec non comitatui ac comitibus Lutzellemburgensibus, nullum possit vel debeat gravamen vel preiudicium generari"; u. a. m.

[2] Vgl. z. B. den oben Note 1 p. 84 mitgeteilten Text der Constitutio in fav. princ. Henrici VII; eine Schranke, die allerdings, wie dort ausgeführt, schon im Mai 1232 wieder teilweise beseitigt wurde.

[3] Vgl. z. B. Constitutio pacis in Austria (Wien 1276 Dez. 3) MGLL sect. IV Bd. III no. 122 art. 14 p. 118: „ne quisquam in preiudicium alterius infra leucam castrum edificet vel municionem, et si factum fuerit per nostros judices precipimus demoliri", vgl. ferner die § 2 Note 1 p. 19 aufgeführten Urkunden; u. a. m.

[4] Vgl. hierüber Stryk XIV, 27, 2 § 23 p. 373 und insbesondere III, disp. 17 p. t.

[5] Der Grund hierfür liegt wohl darin, daß die romanistischen Elemente dieses Instituts auf dem Boden des Systems der Baufreiheit erwachsen waren und ihrer Natur nach im Widerspruch zu dem das deutsche Befestigungswesen

in diesem Rechtsgebilde des Rezeptionszeitalters entstehen ließen; der Mangel konstruktiver Klarheit wurde schließlich noch durch eine fast endlose, an Spitzfindigkeiten reiche Kasuistik verschärft, die die Entstehung einer konstanten Praxis ungemein erschwerte, wo nicht verhinderte. Im Großen und Ganzen besteht eine Übereinstimmung darüber, daß aemulatio vorliege, wenn der Erbauer einen „schlechten Nutzen", sein Nachbar aber einen „großen Schaden" aus dem Bau hat;[1] herrscht aber schon darüber Streit, ob die aemulatio verboten oder de consuetudine erlaubt sei,[2] so gehen die Anschauungen vollends über die konstitutiven Elemente der Begriffe „Nutzen für den Erbauer" und „Schaden für den Nachbar" nach den verschiedensten Richtungen hin auseinander. Ist die Absicht der aemulatio ex certitudine, quae in morali materia locum habet, festgestellt[3] und unterstehen Erbauer und Nachbar einer gemeinsamen Gerichtsbarkeit, so steht dem Nachbar die operis novi nuntiatio zu, wodurch die Fortsetzung des Baues sistiert wird, bis über das vom Nuntianten klageweise geltend zu machende Verbotsrecht gerichtlich entschieden ist.[4] Von hervorragender praktischer Bedeutung ist das Institut der aemulatio in der Lehre von der Grenzfestung, dem castrum limitaneum; ob aber hier stets aemulatio anzunehmen sei, oder ob sie im einzelnen Fall besonders festzustellen ist, ist streitig;[5] jedoch dürfte der letzteren Alternative

---

beherrschenden Konzessionssystem standen, und daß sie nach rein privatrechtlichen Gesichtspunkten orientiert waren, während das Befestigungswesen von publizistischen Momenten beherrscht wird.

[1] Vgl. hierzu Statuta Ulmensia tit. 17 § 2 bei Stryk XIV, 27, 2 § 23 p. 373; vgl. ferner Ziegler, De Jur. Maj. I c. 35 § 12 p. 639; Gentilis, l. 3 c. 21 p. 670f.; Knipschildt II c. 22 § 90 p. 470.

[2] Vgl. Tuschus, Pract. concl. III no. 426 p. 574 und dort zitierte; Kyllinger, Disc. IV § 158 p. 67 und dort zitierte.

[3] Vgl. Hugo Grotius, De Jure Belli ac Pacis, Ed. Amstelodam. 1701, l. 2 c. 22 § 5 no. 1 p. 585.

[4] Vgl. z. B. Dekret betr. Müllenheim und Monheim (Konstanz 1417 April 22) und Mandat an Stadt Köln (Konstanz 1417 Mai 15) bei Goldast, Reichssatzungen II p. 97 u. 98; Mandatum de intermittenda et demolienda nova munitione ad Rhenum (Frankfurt 1612 Juli 2) bei Goldast, Constitut. I, p. 585 art. 5; vgl. hierzu Stryk V, 5, 2 § 72 p. 132 und die dort angegebene Literatur.

[5] Vgl. Gaill, Obs. 2 obs. 69 no. 18 et de Pace Publ. l. 1 cap. 1 num. 42; Fritsch, Jus fortalitii c. 4 §§ 19ff. p. 52.

der Vorzug gebühren, da Grenzfestungen doch sehr häufig zum notwendigen Schutz des Gebietes des Erbauers errichtet werden.

V. Zu Gunsten von neuzuerrichtenden oder bereits bestehenden Befestigungen, wie auch ganzer Gebiete findet sich sowohl in Gesetzen,[1] als in Spezialprivilegien,[2] als in gewohnheitsrechtlichen[3] Aufzeichnungen das Verbot, innerhalb eines näher bestimmten Umkreises von 1—5 Meilen eine neue Befestigungsanlage ohne Zustimmung des Besitzers der hiernach privilegierten Befestigungsanlage oder des privilegierten Gebietes anzulegen. Verletzungen des „Meilenrechts" konnten nicht nur via juris geahndet werden,[4] sondern auch auxilio Caesaris[5] oder auch vi armata d. h. auf dem Wege privilegierter Selbsthilfe[6] zurückgewiesen werden; dieser starke, durch die Rechtsordnung gewährleistete Schutz des Meilenrechts entspricht durchaus den Zwecken, denen das Institut dienstbar ge-

---

[1] Vgl. z. B. die oben Note 3 p. 90 wiedergegebene Constitutio pacis in Austria (1276).

[2] Vgl. z. B. Hamburg (1189) bei Lappenberg, Hamburgisches Urkundenbuch I no. 286, zitiert bei Schrader, Bef.-R. p. 56 Note 41; Priv. für Frankfurt (Frankfurt 1333 Juli 17) bei Limnaeus l. 7 c. 16 no. 16 p. 221; Priv. für Frankfurt (Frankfurt 1336 Juni 1) bei Limnaeus l. 7 c. 16 no. 17 p. 223; Priv. für Speier (Speier 1349 April 3) bei Limnaeus l. 7 c. 46 no. 8 p. 443; Priv. für Bistum Köln (1372) Niederrheinisches Urkundenbuch III no. 728; vgl. Schrader, Bef.-R. p. 58 Note 49; Priv. für Bistum Trier (1376 u. 1332) bei Kyriander, Annal. Aug. Trev. ps. 15 p. 160, vgl. hierzu Stryk VIII, 6 § 25 p. 97 u. Hertius p. 233; Nürnberg (Oppenheim 1378 Febr. 24) bei Lünig, R.A. XIV no. 22 p. 102; Schweinfurt (Griegischweißenburg 1427 Nov. 5) bei Lünig, R.A. XIV no. 23 p. 408; Priv. für Speier (Eger 1437 Juli 29) bei Londorp t. I l. 2 c. 18 Beilage J; Priv. für Nürnberg (Neuenstatt 1464 Juni 18) bei Goldast, Reichssatzungen II p. 158; Priv. für Nördlingen (Neustatt 1476 Juli 1) bei Lünig, R.A. XIV no. 38 p. 32; Priv. für Schweinfurt (Augsburg 1559 Mai 3) bei Lünig, R.A. XIV no. 53 p. 440; Priv. für Magdeburg (1648) in Instr. Pac. Osnabr. art. 11 § 8 bei Schmauss p. 917; u. a. m.

[3] Vgl. z. B. Jus antiquissimum Austriae saec. XIII c. 36 (Harrach) bei Senckenberg, Visiones diversae de collectionibus legum Germanicarum Lipsiae 1765 p. 236.

[4] Vgl. die Note 4 p. 91 angeführten Urkunden; ferner Constitutio Pacis in Austria (Wien 1276 Dez. 3) MGLL sect. IV Bd. III no. 122 art. 14 p. 188.

[5] Vgl. z. B. Dekret betr. Müllenheim und Monheim (Konstanz 1417 April 22) bei Goldast, Reichssatzungen II p. 97; Reg. Imp. V, 2 no. 5022 (1250) betr. Mainz.

[6] Vgl. oben § 2 Note 1 p. 26.

macht wurde; diese erschöpften sich nicht im Schutz der Interessen des Besitzers der privilegierten Befestigungsanlage, sondern waren vielmehr in gleicherweise auf die Landfriedensbewahrung und den Schutz der Bewohner des privilegierten Gebietes gerichtet, wie sie die Schaffung starker, unabhängiger Stützpunkte für die militärischen Bedürfnisse des Reiches verfolgten; hierin findet auch die Bevorzugung von Befestigungsanlagen, insbesondere von Reichsstädten, vor den Interessen der angrenzenden Territorialgewalten ihre Berechtigung, während die Privilegierung ganzer Gebiete durch Verleihung des Meilenrechts als eine unbegründete, gesetzlich allerdings erlaubte Beschränkung der angrenzenden Gebiete erscheint. Konkurrieren Meilenprivilegien, so wird dem älteren, falls das jüngere es nicht ausdrücklich bestätigt, durch das jüngere Meilenprivileg oder auch gewöhnliche Befestigungsprivileg derogiert;[1] damit ist der Kaiser jederzeit in der Lage im Reichsinteresse liegende Änderungen der Rayonverhältnisse zu treffen und veraltete Beschränkungen aufzuheben.

VI. Dem publizistischen Charakter des Befestigungsrechts entsprechend ist der Besitzer einer Befestigungsanlage in Kriegszeiten, wo es das Staatsinteresse erfordert, in dem Gebrauch seiner Befestigungsbauten vielfach kraft öffentlichen Rechts beschränkt; vornehmlich zieht das Öffnungsrecht und das Besatzungsrecht seiner freien Verfügung in dieser Hinsicht Grenzen. In erster Linie stehen diese Rechte dem Kaiser und seinen Bevollmächtigten im ganzen Reiche zu; er ist befugt „castra et munitiones sasiendi, custodiendi, manutenendi ac defendendi“;[2] nach Beendigung des kriegsmäßigen Gebrauchs ist die Befestigung wieder dem Eigentümer zurückzugeben. Die Befugnis wird als regale majus betrachtet und in späterer Zeit auch den Landesherren zugeschrieben.[3]

---

[1] Vgl. z. B. Reichssentenz (1471) bei Londorp, Act. Publ. t. I l. 2 c. 18 p. 391 no. 3 betr. die bischöfl. speierische Burg Marientraut innerhalb der Schutzzone der Stadt Speier.

[2] Vgl. U. für Grf. Namur (Speier 1309 Aug. 25) bei Winkelmann no. 348 p. 226,

[3] Vgl. Stryk I, 24, 6 § 13 p. 478; Sinolt, Exercit. 6 th. 23 Note C p. 412; Hering, De castris § 53; Limnaeus l. 4 c. 8 no. 244 p. 254; Knichen, De jure territ. c. 4 no. 354; Bidenbach, Quaest. nob. 22 no. 2 p. 129; Röhrensee § 27; Moser, Milit. Hoheit c. 6 p. 235 § 15; u. a. m. — Dieses landesherrliche Hoheitsrecht hat sich wohl allmählich auf Grund der Praxis ent-

VII. Eine weit größere Anzahl von Beschränkungen des Befestigungsrechts werden außer den bisher verzeichneten gesetzlichen Beschränkungen den Inhabern von Befestigungsanlagen durch lehenrechtliche und privatrechtliche Verträge auferlegt; nicht nur werden vertragsmäßig häufig die soeben betrachteten gesetzlichen Beschränkungen ihrer Mehrzahl nach auf weitere Kreise ausgedehnt, sondern es werden auch eine unzählige Menge von beschränkenden Verträgen verschiedenen Inhalts in diesen vertragsfrohen Zeiten vereinbart und Übertretungen der gesetzlichen Verbote durch vertragsmäßige Übernahme von Verbindlichkeiten und Beschränkungen geschlichtet, da der verletzte Teil häufig mehr Vorteil und der verletzende Teil häufig weniger Nachteil von einer derartigen Regelung hatte, als bei einem Verfahren nach der Strenge des Gesetzes, das sich außerdem bei der Schwäche der Staatsgewalt nur selten und langsam genug durchführen ließ.

§ 8.

Die Beendigung des Befestigungsrechts.

I. Wie die Rechtsordnung das Befestigungsrecht in seinem Erwerb und in seinem Bestehen normiert, so stellt sie auch Regeln über die Beendigung und den Verlust desselben auf. In erster Linie gelten auch hier die allgemeinen sachenrechtlichen Vorschriften über den Verlust dinglicher Rechte, auch erbrechtliche und lehenrechtliche Sätze finden hier ihre Anwendung; der Tod des Befestigungsberechtigten hat hier dieselbe Bedeutung wie bei anderen dinglichen Rechtsverhältnissen: ist die Befestigung im Allodialbesitz eines Einzelnen dann geht sie auf die Erben desselben über; ist sie im Besitz von Ganerben, so wächst der Anteil des Einzelnen

---

wickelt, nach der die Inhaber der Grafengewalt die Erlaubnis zum Burgbau nur gegen vertragsmäßige Zusicherung des Öffnungsrechtes einräumten; erst später, als den Landesherren die jura maiestatica aus eigenem Recht zugeschrieben wurden, wird das Öffnungsrecht auch an allen Befestigungen des Landes ihnen zugesprochen; in früherer Zeit hatten nicht einmal die Markgrafen dieses Recht; dies ergibt sich aus der Tatsache, daß im Landbuch der Mark Brandenburg die Örtlichkeiten verzeichnet sind, in welchen dem Markgrafen das Öffnungsrecht zustand; vgl. den Nachweis bei Stenzel, Kriegsverf. p. 171 Note 1.

den übrigen Ganerben an; beim Aussterben aller findet keine Nachfolge und keine Substitution statt, jedoch treten eventuelle pacta statuta oder privilegia in Wirksamkeit; ist die Befestigung Lehen, so findet Heimfall statt. Diese und andere Beendigungsgründe, die das Befestigungsrecht mit anderen Rechten teilt, bieten keine Besonderheiten und interessieren daher hier weniger; dagegen ist hier die Bedeutung der Vernichtung des konkreten Befestigungswerks, sei es durch natürlichen Verfall, sei es durch gewollte Zerstörung, für das subjektive Befestigungsrecht zu würdigen, da gerade in dieser Beziehung das Befestigungsrecht besondere und ihm eigentümliche Normen aufgestellt hat.

II. Geht ein Befestigungswerk durch feindliche Gewalt oder durch die Nachlässigkeit oder infolge der Mittellosigkeit des Befestigungsberechtigten oder durch Feuersnot zugrunde, so wird das Befestigungsrecht nicht berührt, vielmehr ist der Berechtigte jederzeit befugt auch ohne Einholung einer Konzession das Werk wieder aufzubauen;[1] negativ und präziser drückt die rechtlichen Voraussetzungen für den freien Wiederaufbau vernichteter Befestigungen ein kaiserlicher Landfrieden aus, hiernach ist der Wiederaufbau in allen denjenigen Fällen, in welchen die Vernichtung preter iuris ordinem et sine causa legitima erfolgt, zulässig;[2] der unerlaubte Wiederaufbau ist demnach ausgeschlossen, falls der Inhaber der Befestigungshoheit die Zerstörung angeordnet und falls die Zerstörung in einem oder auf Grund eines rechtlich geordneten Verfahrens erfolgt; ist der erste Fall äußerst selten,[3] so ist der letztere um so häufiger und mit ihm beschäftigt sich die Mehrzahl der Quellen des späten Mittelalters und der beginnenden Neuzeit in ihren befestigungsrechtlichen Partien.

---

[1] Vgl. Sa.Sp. Ld.R. III, 66 § 4 Satz 2; Schwa.Sp. Ld.R. Goldast c. 234 § 4 Satz 2 p. 80; Wackernagel c. 123 § 4 Satz 2 p. 118; Lassberg c. 143b p. 68.

[2] Vgl. Constitutio pacis in Austria (Wien 1276 Dez. 3) MGLL sect. IV Bd. III no. 122 art. 15 p. 118.

[3] Vgl. z. B. den Widerruf der Freiung von Rheinau (Linz 1335 Mai 5) bei Winkelmann no. 565 p. 352. — Erfolgte die Zerstörung eines Befestigungswerks auf Anordnung des Inhabers der Befestigungshoheit, so war mangels eines gegenteiligen Vorbehalts anzunehmen, daß ein Wiederaufbau verboten sei, vgl. U. betr. Buchhorn (1644 Jan. 15) bei Lünig, R.A. XIV no. 27 p. 334, vgl. hierzu Crellius p. 27; Berends § 9.

III. Dieses rechtliche Verfahren gegen Befestigungen findet seine Hauptanwendung bei Verletzung der öffentlich-rechtlichen Bestimmungen und Beschränkungen des Befestigungsrechts und bei Verletzungen des Landfriedens durch die Befestigungsbewohner.[1] Das Verfahren hat sowohl Burgen wie Städte zum Gegenstand,[2] die „schädlich“ sind;[3] als schädlich wird ein Befestigungswerk angesehen, das mit der „landleute gute“ oder mit unerlaubtem „ungelt“ gebaut ist[4] oder nicht wenigstens dreißig Pfund Einkünfte hat,[4] oder dessen Besitzer sich weigert zu schwören, daß er dasselbe nicht zu Unfrieden und Empörung gebrauchen wolle;[5] als schädlich werden ferner Befestigungswerke in preiudicium alterius betrachtet,[6] sowie unter Verletzung von Meilenrechten erbaute Befestigungen,[7] ferner municiones in terra alterius,[8] nach manchen Rechten auch incastellationes;[9] endlich finden sich vertragsweise Vereinbarungen von Zerstörungsbefugnissen.[10] Wenn sich der Inhaber einer Befestigung weigert, auf Befehl des Königs die in der Befestigung befindlichen Gefangenen vorzubringen,[11] wenn er Land-

---

[1] Im folgenden wird nur eine kurze Übersicht über dieses Verfahren gegeben, da eine Erschöpfung dieses Themas den Rahmen dieser Arbeit weit überschreiten würde.

[2] Vgl. z. B. Sa.Sp. Ld.R. III, 66 § 4; II, 72; Oesterr. Ldrecht (1236/7) bei A.-B. no. 133 c. 67 p. 303; Pax Bawarica (1244 ante Juli 25) MGLL sect. IV Bd. II no. 427 c. 13 p. 573; Reichslandfrieden (Mainz 1235 Aug. 15) MGLL sect. IV Bd. II no. 196 c. 8 c. 26 p. 244f.; u. a. m.; vgl. ferner Verurteilung v. Brescia (Brixen 1311 Okt. 1) bei B.-F. no. 635 p. 444; die § 7 Note 4 p. 91, § 2 Note 1 p. 21 u. Note 1 p. 14 zitierten Urkunden.

[3] Vgl. z. B. Pax Bawarica (1256 ante Nov. 11) MGLL l. c. Bd. II no. 438 c. 12 p. 597; Ottokaris Ducis Pax Austriaca (1256/61) MGLL l. c. no. 440 c. 20 p. 667; Constitutio Pacis in Bawaria (1281 Juli 6) MGLL l. c. Bd. III no. 278 c. 32 p. 271; u. a. m.

[4] Vgl. § 7 III und die in den Noten zitierten Urkunden.

[5] Vgl. Sa.Sp. Ld.R. III, 67 Glosse „Mit unrecht“ . . . „Zum vierden“.

[6] Vgl. § 7 IV, besonders Note 3 p. 90.

[7] Vgl. die § 7 Note 4 p. 91 zitierten Urkunden.

[8] Vgl. § 7 II, 1.

[9] Vgl. Ottokaris Ducis Pax Austriaca (1256/61) MGLL sect. IV Bd. II no. 440 c. 20 p. 667; Landfrieden der sechs Kurfürsten (1438) in Neue Sammlung Theil I no. 40 § 7 p. 154.

[10] Vgl. z. B. Vergleich zwischen Abt Heinrich v. Hersfeld und Grf. Günther von Käfernburg (Erfurt 1290 Jan. 25) bei Winkelmann no. 177 p 131.

[11] Sa.Sp. Ld.R. III, 60 § 3.

friedensbrecher vergeleitet[1] oder missetätige Leute[2] oder Ächter[3] oder Knechte, die allein fahren,[4] geleitet, wenn er Friedbrecher in seinem Gebiet duldet,[5] wenn er Ächter, Räuber Überfahrer des Landfriedens haust, herbergt, ätzt, tränkt, enthält,[6] wiewohl ihm bekannt ist, daß es derartige Leute sind, wenn er mit ihnen in wirtschaftlichen Verkehr tritt[7] oder ihnen etwas schenkt[8] oder sie beschützt oder verteidigt,[9] oder ihnen Rat, Hilfe oder Gunst bezeugt,[10] so verfällt er in Acht und verwirkt das Befestigungsrecht. Ins-

---

[1] Reichstag Frankfurt (1435) Artikel des Kaisers § 15 in N.S. Theil I no. 37 p. 150; Kayser Albrechts Begriff des Landfriedens (1438) § 29 in N.S. Theil I no. 41 p. 158; Landfrieden der 6 Kurfürsten (1438) in N.S. Theil I no. 40 § 10 p. 154; u. a. m.

[2] Reichslandfrieden (Frankfurt 1398) § 14 in N.S. Theil I no. 28 p. 98; Reichstag Frankfurt (1435) Artikel des Kaisers § 15 in N.S. Theil I no. 37 p. 150; u. a. m.

[3] Landfrieden in der Wetterau (1371 Nov. 14) bei A.-B. no. 100 art. 5 p. 233.

[4] Landfrieden (Eger 1437) § 5 in N.S. Theil I no. 39 p. 153.

[5] Landfrieden (Worms 1495 Aug. 7) in N.S. Theil II no. 1 § 5 p. 4; Landfrieden Frankfurt (1486 März 17) in N.S. Theil I no. 61, d. § 4 p. 276.

[6] Reichslandfrieden (Mainz 1235) bei A.-B. no. 103 art. 25 p. 225; Reichslandfrieden (1224) bei A.-B. no. 102 art. 17 p. 219; Reichslandfrieden (1158) in N.S. Theil I no. 5 art. 10 u. 11 p. 11; Constitutio pacis generalis (1298) MGLL sect. IV Bd. IV no. 33 art. 36 p. 29; Landfrieden (Eger 1389) § 28 in N.S. Theil I no. 27 p. 93; Landfrieden (Frankfurt 1398) § 14 in N.S. Theil I no. 28 p. 98; Landfrieden (Nürnberg 1383) § 2 in N.S. Theil I no. 26 p. 88; Landfrieden (Nürnberg 1431) § 4 in N.S. Theil I no. 36, 7 p. 145; Landfrieden in der Wetterau (1371) bei A.-B. no. 100 art. 5 p. 233; Prov. Landfrieden zwischen Wupper und Weser (1319) bei A.-B. no. 105 art. 6 p. 230; Reichslandfrieden (Regensburg 1471) § 2 in N.S. Theil I no. 56, 5 p. 245; Landfrieden (Frankfurt 1486) § 4 in N.S. Th. I no. 61, d p. 276; Landfrieden (Worms 1495) § 5 in N.S. Theil II no. 1 p. 4; Landfrieden (Nürnberg 1522) in N.S. Theil II p. 234 tit. XI; u. a. m.; vgl. auch Sa.Sp. Ld.R. II, 72 § 1; Schwa.Sp. Ld.R. Goldast c. 151, Lassberg c. 137.

[7] Reichslandfrieden (Mainz 1235) bei A.-B. no. 103 art. 26 p. 225; Reichslandfrieden (Frankfurt 1398) in N.S. Theil I § 14 no. 28 p. 98; Reichsabschied (Freiburg 1498 Sept. 3) in N.S. Theil II § 12 p. 41.

[8] Reichslandfrieden (Mainz 1235) bei A.-B. no. 103 art. 26 p. 225.

[9] Reichslandfrieden (Mainz 1235) bei A.-B. no. 103 art. 25 u. 26 p. 225; Pax generalis (1287) MGLL sect. IV Bd. III no. 390 p. 325; Reichslandfrieden (Frankfurt 1398) § 14 in N.S. Theil I no. 28 p. 98; u. a. m.

[10] Rheinischer Städtebund (1254) bei A.-B. no. 104 art. 4 p. 227; Landfrieden (Frankfurt 1486) § 4 in N.S. Theil I no. 61, d p. 276; Landfrieden (Worms 1495) § 5 in N.S. Theil II no. 1 p. 4.

besondere verliert aber der Befestigungsberechtigte das Befestigungsrecht bei Verrat gegen den Inhaber der Befestigungshoheit,[1] bei turbatio pacis aus der Befestigung,[2] bei Brandstiftung,[3] Raub,[4] Mord,[5] schwerer Körperverletzung,[6] Diebstahl,[7] unrechter Widersage,[8] Notzucht[9] und bei offener Fehde, auch schon vor dem ewigen Landfrieden.[10] Für die Verwirkung des Befestigungsrechts kommt aber nicht bloß die Tat des Eigentümers in Betracht, sondern auch die eines Miteigentümers, eines Burggrafen, ja sogar die eines Fremden, der sich auf die Burg geflüchtet hat; im letzteren Falle sind die Folgen, je nachdem der Herr um die Tat weiß oder nicht weiß,

---

[1] U. betr. Brescia (Brixen 1311 Okt. 1) bei B.-F. no. 635 p. 444.

[2] U. für Bischof v. Würzburg (Würzburg 1168 Juli 10) bei A.-B. no. 127 art. 6 p. 280; U. für Speier (Speier 1349 April 3) bei Londorp, Act. Publ. t. I l. 2 c. 18 Beilage H; Österreichisches Landesrecht (1236/7) bei A.-B. no. 133 art. 67 p. 303.

[3] Reichslandfriede (1103 Jan. 6) bei A.-B. no. 95 p. 207; Reichsabschied (Nürnberg 1186 Dez. 29) in N.S. Theil I no. 6 p. 13; hiernach ist Brandlegung aber erlaubt bei manifesta werra, castra capere und bei richterlicher Urteilsvollstreckung; Reichslandfrieden (Mainz 1235) bei A.-B. no. 103 art. 15 p. 223; Landfrieden (Eger 1389) § 21 in N.S. Theil I no. 27 p. 93; Landfrieden (Frankfurt 1398) § 8 in N.S. Theil I no. 28 p. 98; hiernach ist Brandlegung erlaubt, wenn man dadurch schädliche Leute zum Verlassen einer Burg nötigen will; Landfrieden (Worms 1495) § 1 in N.S. Theil II no. 1 p. 4; Reichsabschied (Freiburg 1498) § 10 in N.S. Theil II p. 41; R.A. (Augsburg 1500) tit. 10 in N.S. Theil II p. 66; R.A. (Augsburg 1510) § 17 l. c. p. 134; R.A. (Worms 1521) tit. 12 l. c. p. 200; Landfrieden (Augsburg 1548) tit. XX p. 583; u. a. m.

[4] Reichslandfrieden (1103 Jan. 6) bei A.-B. no. 95 p. 207; Reichslandfrieden (1224) art. 13 u. 17 bei A.-B. no. 102 p. 219; Pax Bawarica (1244) MGLL sect. IV Bd. II no. 427 art. 13 p. 573; Pax Bawarica (1256) MGLL l. c. no. 438 art. 13 p. 597.

[5] Reichslandfrieden (1103) l. c.; Gottesfrieden für Cöln (1038 April 20) c. 6 bei A.-B. no. 94 p. 204; Landfrieden (Eger 1389) § 21 in N.S. Theil I no. 27 p. 93.

[6] Vgl. die Note 5 p. 98 zitierten und Straßburger Stadtrecht (1200) c. 8 bis 11 bei A.-B. no. 162 p. 369; Wüstung des Hauses bei Flucht des Täters.

[7] Landfrieden (Eger 1389) § 21 in N.S. Theil I no. 27 p. 93.

[8] Vgl. Note 7 p. 98; Landfrieden (Worms 1495) § 1 in N.S. Theil II no. 1 p. 4.

[9] Sa.Sp. Ld.R. III, 1 § 1; Schwab.Sp. Ld.R. Goldast 351, Lassberg 254, Wackernagel 209; vgl. auch Glosse „mit unrechte" zu Sa.Sp. Ld.R. III, 67.

[10] Landfrieden (Augsburg 1474) § 1 in N.S. Theil I no. 58 p. 261; Landfrieden (Worms 1495) § 2 N.S. Theil II no. 1 p. 4; Landfrieden (Worms 1521) tit. 1 eod. loc. p. 195; Landfrieden (Augsburg 1548) tit. I eod. loc. p. 576.

verschieden. Die Zerstörung erfolgt entweder im summarischen Verfahren auf handhafter Tat oder im ordentlichen Gerichtsverfahren;[1] in beiden Fällen kann eine Exekution gegen Befestigungen, die im Eigentum des Täters stehen oder in die er sich geflüchtet hat, stattfinden; zu ihr wird durch Gerüfte geladen und jeder Gerichtseingesessene ist zur Teilnahme an ihr verpflichtet, wobei er sich selbst zu beköstigen hat während dreier Tage.[2] Der Graf hat der Ladung durch das Gerüfte zu folgen und die Leitung des Verfahrens zu übernehmen;[3] handelt es sich um Urteilsexekution, so hat er schon kraft seiner generellen Zuständigkeit, das Verfahren zu instruieren und zu leiten.[4] Reichen die Machtmittel des Grafen nicht aus, so erfolgt Reichshilfe[5] auf erstattete Anzeige an den Kaiser; in späterer Zeit geschieht die Exekution durch die Landfriedensbünde, an deren Stelle dann die Kreise treten. Nach der Mehrzahl der Quellen findet eine mehr oder weniger umfassende Wüstung des Befestigungswerks des Täters oder des Hausers des Täters statt. Die gewüstete Befestigung darf nur mit Erlaubnis des Inhabers der Grafenrechte und nach manchen Rechten nur mit Zustimmung des Verletzten wieder aufgebaut werden. Damit bietet aber auch die Rechtsordnung ein wirksames Mittel zur Bekämpfung des Mißbrauchs von Befestigungen und Befestigungskonzessionen, wie zur Verhütung eines mißbräuchlichen Wiederaufbaus zerstörter schädlicher Häuser.

---

[1] Von einer ausführlichen Darstellung der Einzelheiten des Verfahrens kann hier Abstand genommen werden, da ich demnächst in einer Monographie über die Wüstung im deutschen Mittelalter ausführlicher darüber handeln werde.

[2] Vgl. Sa.Sp. Ld.R. II, 71 § 4; III, 68 § 2; Schwa.Sp. Ld.R. Goldast c. 237 u. 192; Wackernagel c. 124 u. 207, Lassberg c. 144 u. 253. — Die weitere Beköstigung geht auf Kosten der Burg bzw. Stadt.

[3] Prov. Landfrieden (1104/8) art. 9 bei A.-B. no. 96 p. 209; Sa.Sp. Ld.R. II, 72 § 1; Landfrieden (Frankfurt 1486) art. 4 N.S. Theil I no. 61, d p. 276.

[4] Vgl. Sa.Sp. Ld.R. III, 68 § 1; Schwa.Sp. Ld.R. Goldast c. 237, Wackernagel c. 124, Lassberg c. 144; Reichslandfrieden (Mainz 1235) art. 26 bei A.-B. no. 103 p. 226; Reichslandfrieden (1152) art. 8 N.S. Theil I no. 4 p. 7; Pax generalis (1298) art. 36 MGLL sect. IV Bd. IV no. 33 p. 29.

[5] Reichslandfrieden (Mainz 1235) art. 26 bei A.-B. no. 103 p. 226; Pax generalis (1298) art. 36 MGLL sect. IV Bd. IV no. 33 p. 29.

Metzger & Wittig, Leipzig.

FSC
www.fsc.org
MIX
Papier | Fördert gute Waldnutzung
FSC® C083411

Kolibri 360 GmbH
Ferdinand-Jühlke-Straße 7
99095 Erfurt, Deutschland
produktsicherheit@kolibri360.de